Oliver Klatt

# Schnelleinstieg Reiki

Licht, Liebe und Heilung
Wertvolle Praxistipps für Reiki-Einsteiger

W0226604

WINDPFERD

**Wichtiger Hinweis:** Die hier vorgestellten Methoden, Ideen und Vorschläge können und sollen nicht die Beratung durch einen Arzt oder Heilpraktiker ersetzen. Bei Gesundheitsproblemen sollten Sie daher einen kompetenten Therapeuten konsultieren. Sprechen Sie mit Ihrem Therapeuten über die Empfehlungen in diesem Buch, aber auch über gesundheitliche Probleme, die eventuell medizinisch diagnostiziert oder betreut werden müssen. Autoren und Verlag lehnen jegliche Verantwortung für Folgen, die direkt oder indirekt aus der Lektüre dieses Buches entstehen, ab.

1. Auflage 2007
© 2007 Windpferd Verlagsgesellschaft mbH, Aitrang
www.windpferd.de
Alle Rechte vorbehalten
Umschlaggestaltung: Peter Krafft Designagentur, Bad Krozingen
Layout: Marx Grafik & ArtWork
Gesamtherstellung: Schneelöwe Verlagsberatung & Verlag, Aitrang
Druck: Himmer AG, Augsburg
Gedruckt auf säurefreiem, chlorfrei gebleichtem Papier
Printed in Germany · ISBN 978-3-89385-539-1

*Panta rei – Alles fließt!*

(Heraklit)

# Inhalt

# Vorwort

Dieses Buch ist eine Einführung in das Usui-System des Reiki – und zugleich ein „Update" des Usui-Systems in der Welt, das die aktuellen Entwicklungen rund um Reiki integriert und damit auch für erfahrene Reiki-Praktizierende von Interesse ist.

Dieses Buch ist ein Sprungbrett in die Welt des Reiki. Es ermöglicht einen neuen, frischen Blick auf das Usui-System, der alle wichtigen Aspekte berücksichtigt und dabei grundlegende Informationen gibt – einige davon erstmalig in Buchform.

Dieses Buch ersetzt nicht die Teilnahme an einem Reiki-Seminar – für die Fähigkeit, die universelle Lebensenergie Reiki per Handauflegen zu übertragen, braucht es Einweihungen, vorgenommen von einem erfahrenen Reiki-Meister.

Ich wünsche viel Freude beim Entdecken dieser so wunderbaren, einfachen, spirituellen Heilmethode!

Oliver Klatt
Berlin, 11. März 2007

# 1. Was ist Reiki?

Das Wort Reiki stammt aus dem Japanischen, es setzt sich aus zwei Silben zusammen: Rei und Ki. Die Silbe Rei (sprich: Ree) bedeutet „universell“ oder „allumfassend“. Andere mögliche Übersetzungen sind „spirituell“, „heilig“, „vom Himmel kommend“ und „verborgene Kraft“.* Der Begriff Ki meint die vitale Lebenskraft, die durch alles Lebendige fließt. Als gebräuchliche Übersetzung für Reiki hat sich mit der Zeit „universelle Lebensenergie“ durchgesetzt.

## Die Lebensenergie Ki

Das Ki des Reiki entspricht dem Qi bzw. Chi, das aus anderen fernöstlichen Methoden der Energiearbeit bekannt ist, wie z. B. dem Qi Gong und dem Tai Chi. Alle drei Schreibweisen (Ki, Qi, Chi) beziehen sich auf denselben Oberbegriff für Lebensenergie, der ursprünglich aus dem Chinesischen stammt. Von dem Begründer des Taoismus, dem ehrwürdigen Lao Tse, ist folgender Ausspruch überliefert: „Qi ist Materie, die man nicht sieht, wie auch Luft Materie ist, die man nicht sieht.“

Alten fernöstlichen Schriften zufolge ist die vitale Lebensenergie Qi in allem vorhanden, was lebt – in uns Menschen genauso wie in Tieren, Pflanzen sowie auch im Wasser, im Sonnenlicht und in der Luft. Der Mensch nimmt das Qi über die Atmung auf, ebenso über die Nahrung, und, wie es heißt, auch über die Chakren, die feinstofflichen Energiezentren, sowie über die Aura, das ihn umgebende, feinstoffliche Feld.

---

* Da die japanische Sprache voller Mehrdeutigkeiten ist, die deutsche Sprache aber auf Präzision abzielt, wirken Übersetzungen aus dem Japanischen ins Deutsche häufig ungenau.

Es werden unterschiedliche Formen des Qi unterschieden. In Reiki finden wir jene Form des Ki (Qi, Chi), die in besonderem Maße auf das „Große Ganze" ausgerichtet ist, entsprechend der Vorsilbe „Rei". So ist Reiki also diejenige Art von Lebensenergie, deren Hauptaspekt auf der universellen bzw. spirituellen Komponente des Ki liegt. Damit besitzt Reiki die höchste Fähigkeit zur Organisation von Energieeinflüssen jeglicher Art. Im Energiesystem des Menschen sorgt sie für ein stabiles Fließgleichgewicht. Dabei wirkt sie wie eine Art Steuerprogramm, das dafür sorgt, dass für alles, was im System Mensch getan werden muss, die richtigen Kräfte, im rechten Verhältnis, zur passenden Zeit, im geeigneten Rhythmus auf die sinnvollste Weise eingesetzt werden.

„Reiki", so Mary McFadyen, eine jahrzehntelang erfahrene Reiki-Meisterin, „bewegt automatisch alles in Richtung Heilung, Ganzheit, Liebe und zum bestmöglichen Zustand, sei es eine Person, ein Tier, eine Pflanze, eine Energie, eine Situation, ein Potenzial oder irgendetwas anderes."

Historisch betrachtet taucht das Wort Reiki zum ersten Mal in einem Text des Chinesen Guanzi nachweislich auf, im dritten Jahrhundert vor Christus. Guanzi erklärt den Begriff so: „Das Innerste vom Innersten, das sich im Herzen befindet. Wenn es sich entfernt, bedeutet es den Tod."

Doch nicht nur im Fernen Osten, sondern auch in der westlichen Welt gibt es Vorstellungen von der Existenz einer universellen Lebensenergie. So finden wir z. B. in den Lehren des Judentums, bei den Kabbalisten der Antike, das Konzept einer Urenergie, die sie Or nannten. Ins Deutsche übersetzt bedeutet Or „das Licht". Or wird von den Kabbalisten als eine von Gott kommende Energie betrachtet.

Auch im Christentum spielt das Licht eine wichtige Rolle: Im Neuen Testament wird die symbolische Bedeutung des Lichtes, das mit Jesus Christus auf der Erde erschienen ist, stark betont.

Weiterhin bestehen Parallelen von der Vorstellung einer universellen Lebensenergie zum Heiligen Geist. So wird der Heilige Geist im Neuen Testament u. a. als Wasser und als Feuer symbolisiert. In der Apostelgeschichte ist zu lesen, die Apostel seien zu Pfingsten „vom Heiligen Geist erfüllt" worden. Im griechischen Neuen Testament wird der Heilige Geist als „Hagion Pneuma" bezeichnet. Das antike Konzept des Pneuma umfasst, neben dessen Hauptbedeutung „der Geist", auch Inhalte wie „Hauch", „die Luft" und „Druck".

Im Sufismus, der mystischen Lehre des Islam, ist von einer mysteriösen, spirituellen Kraft die Rede, Baraka, die „transformative Kraft, die durch den Lehrer übertragen wird" und die man in seiner Gegenwart empfängt. Auch wird von Heilungssitzungen berichtet, die an Heiligengräbern abgehalten werden, damit Baraka, die „transformierende Kraft des Heiligen", auf den Kranken übergehen kann. Ähnlich wie Jesus und Buddha vermochte auch Mohammed, Kranke zu heilen.

Auch bei den Schamanen der Naturvölker ist die Vorstellung von einer vitalen Lebensenergie nicht unbekannt. So kennen z. B. die Kahunas, die auf Hawaii und Polynesien leben, eine „übernatürliche Kraft", die sie Mana nennen. Viele Indianerstämme Nordamerikas verehrten eine „geheimnisvolle magische Kraft", die Irokesen nannten sie Orenda, die Sioux Wakan oder Wakonda.

## Die wissenschaftliche Sicht

Aber auch Wissenschaftler und Ärzte haben sich seit jeher mit dem Konzept einer alles umfassenden Lebensenergie befasst. So erforschte zum Beispiel der deutsche Arzt Paracelsus im 16. Jahrhundert eine „Licht-Energie", die er Numia nannte. Wilhelm Reich experimentierte in der ersten Hälfte des 20. Jahrhunderts mit einer kosmischen Energie namens Orgon. Und die russischen

Wissenschaftler V. S. Grischenko und Victor Inyushin befassten sich in den 1960er Jahren mit einer Energie, die sie Bioplasma nannten.

Wahre Siegeszüge feiert die Idee einer alles umfassenden Energieform derzeit in der modernen Physik. So treffen viele Physiker heute zunehmend Aussagen, die sich mit denen der alten Mystiker decken. Neben der String-Theorie, der sogenannten „Theorie von allem“, die behauptet, dass das gesamte Universum aus kleinen, schwingenden Fäden (= Strings) besteht, ist auch das Konzept der Vakuum-Energie ins Blickfeld gerückt. Dieses Energiefeld – auch Nullpunkt-Energie oder Subquantenfeld genannt – wird heute zunehmend erforscht und gilt als das „neue Konzept der alten vitalistischen Vorstellung einer alles verbindenden Raumenergie“.

Ein weiterer Meilenstein für die wissenschaftliche Erforschung von Energiefeldern ist die Arbeit von Prof. Fritz-Albert Popp. Dieser entdeckte und wies wissenschaftlich einwandfrei nach, dass die Zellen aller Lebewesen ein Licht abstrahlen. Dieses Licht, das sich bei einer Schädigung der Zelle verstärkt und das in einer toten Zelle erloschen ist, nannte er Biophotonenstrahlung. Nach Meinung vieler Wissenschaftler kann dieses Licht als Ausdruck eines im Inneren jeder Zelle vorhandenen und den gesamten Organismus umfassenden Energiefeldes betrachtet werden.

## Östliche spirituelle Traditionen

Mit ihren Entdeckungen nähert sich die Naturwissenschaft heute zunehmend dem Jahrtausende alten Wissen östlicher spiritueller Traditionen wie dem Hinduismus und dem Buddhismus an. So ist beispielsweise in einer alten buddhistischen Sutra zu lesen:

„Zu dieser Zeit ging der Herr in den Samadhi des allumfassenden Lichtes ein. Durch alle Poren sandte er vielfarbene Lichtstrahlen aus (...). Licht strahlte aus den Augen des Buddha und erhellte die Stirn der beiden Bodhisattvas ‚Der König des Heilens' und ‚Der Höchste Heiler'. Über ihrer Stirn manifestierten sich in blendendem Schein, einem diamantenen Berge gleich, all die zahllosen Buddhas der zehn Richtungen. Und alle diese Edlen ließen ebenfalls ihren Augen Licht entströmen, das weithin die Stirn aller Bodhisattvas erhellte. (…) Mit einem feinen Lächeln von strahlender Harmonie atmete der Buddha durch seinen Mund fünffarbige Lichtstrahlen aus, die sein dem Vollmond gleichendes Gesicht völlig erhellten. Es erschienen sodann von seinen Gesichtszügen her mannigfaltige, wechselnde Manifestationen von Licht, die millionenmal herrlicher waren als seine gewöhnliche Erscheinung."*

In einer zentralen hinduistischen Schrift, der Bhagavadgita, ist die folgende Textstelle zu finden, analog zu der Vorstellung eines allumfassenden Energiefeldes, hier in Form eines schöpferischen, sich mitteilenden Gottes:

„Erkenne diese höhere Natur als den Schoß aller Wesen. Ich bin die Geburt der gesamten Welt und ebenso ihre Auflösung. Es gibt nichts Erhabenes jenseits von Mir, o Dhananjaya. Auf Mir ist alles, was es gibt, aufgereiht wie Perlen auf einer Schnur. Ich bin der Geschmack in den Wassern, o Sohn der Kunti, Ich bin das Licht von Sonne und Mond, Ich bin Pranava (die Silbe OM) in allen Veden, der Klang im Äther und die Mannhaftigkeit in den Männern. Ich bin der reine Wohlgeruch der Erde, die Leuchtkraft im Feuer. Ich bin das Leben in allen Wesen."**

---

* „Das von Buddha verkündete Sutra über die Betrachtung der beiden Bodhisattvas ‚Der König des Heilens' (Bhaisajya-raja) und ‚Der Höchste Heiler' (Bhaisajya-samudgata)" (Fo-shuo-duan Yao-wang Yao-shangerh-p'u-sa ching, T. XX, 1161) / zitiert nach: Birnbaum, Raoul: Der heilende Buddha, Bindlach 1990, S. 66

** Bhagavadgita VII, 6-9 / zitiert nach: Aurobindo, Sri: Bhagavadgita, Gladenbach 2005, S. 50

In der hinduistischen Lehre gibt es den Begriff Prana, der, analog zum Begriff des Qi aus der taoistischen Lehre, ein Oberbegriff für Lebensenergie ist. Eine Übersetzung für Prana ist „Lebenshauch“ bzw. „Lebensatem“. Wie es in den alten hinduistischen Schriften heißt, gibt es drei Hauptquellen für Prana: die Sonne, die Luft und die Erde. Eine wichtige Rolle spielt das Prana bei den praktischen Übungen in den verschiedenen Formen des Yoga. In einer mystischen Schau teilt der Yoga-Meister Satyadharma Saraswati seine Sicht des Prana:

„Auf der makrokosmischen Ebene ist Prana wie ein gewaltiger, weiter, riesengroßer, alles umfassender See vitaler Energie. Jedes Objekt der Schöpfung schwimmt in diesem See, wie ein Fisch im Wasser, und wir beziehen aus diesem See alle Energie, die wir brauchen, um zu leben. Dieses Prana ist bekannt als kosmisches Prana oder Mahaprana. Aus dem Mahaprana heraus bezieht jedes Lebewesen seine persönliche Existenz. Das Maß an Prana, das dem Individuum Leben verleiht, wird individuelles Prana genannt. Wir trennen es von Mahaprana, aber es ist dasselbe Prana. Wenn man ein Glas mit Wasser füllt und es dann in einen See oder Teich setzt, dann ist das Wasser im Glas das gleiche wie das Wasser rundherum. Wir betrachten uns als getrennte Einheiten oder Lebewesen, die sich in dieser Welt bewegen, aber wir sind alle Teil des universellen oder kosmischen Prana. Dieses kosmische Prana ist in allen alten Kulturen und Religionen gewürdigt und verehrt worden, es ist bekannt als Mahashakti, Mahakundalini, Mahamaya, die Große Mutter. Durch diese Mutter können wir uns verbinden mit der höchsten Realität oder reinem Bewusstsein.“*

---

* Saraswati, Swami Satyadharma: Prana (Artikel aus dem englischsprachigen „Yoga Magazine“) / zitiert nach: www.yogamag.net/archives/1996/5sep96/prana.shtml, Datum: 8.1.07, Übersetzung des zitierten Auszugs ins Deutsche von Oliver Klatt

Das kosmische Prana, hier Mahaprana genannt, entspricht der universellen Lebensenergie Reiki, so wie das Prana dem Qi (Ki, Chi) entspricht. Das kosmische Prana ist weiblichen Ursprungs. In Verbindung mit der kosmischen Lebensenergie, so der Yoga-Meister, können wir uns dem Allerhöchsten öffnen: dem reinen Bewusstsein. Dies zu erreichen gilt auch als ein Ziel der Anwendung des Usui-Systems des Reiki.

# 2. Das Usui-System des Reiki

Die Arbeit mit der universellen Lebensenergie Reiki ist Teil verschiedener Heilsysteme und spiritueller Traditionen. Das populärste unter diesen Systemen ist derzeit das Usui-System des Reiki. In den vergangenen 25 Jahren hat es sich weltweit verbreitet, heutzutage wird es von Millionen Menschen rund um den Globus praktiziert.

Das Usui-System des Reiki dient der Anwendung universeller Lebensenergie zu Zwecken der Heilung und spirituellen Wachstums. Dabei wird universelle Lebensenergie per Handauflegen übertragen. Die aus Japan stammende Methode wurde zu Beginn des 20. Jahrhunderts von dem Japaner Mikao Usui entwickelt, auf Grundlage seiner jahrzehntelangen Forschungen und Kenntnisse im Bereich der spirituellen Heilarbeit. Im Laufe der Jahrzehnte sind viele unterschiedliche Formen des Systems entstanden, mit verschiedenen Lehrinhalten und -strukturen.

Das Usui-System des Reiki ist vor allem in zweierlei Hinsicht von Bedeutung: als eine spirituelle Disziplin und als eine Form der Energiemedizin. Regelmäßig angewandt, unterstützt die universelle Lebensenergie den Einzelnen darin, sich spirituell auszurichten, unabhängig vom persönlichen Glauben bzw. religiöser Orientierung. Daneben umfasst das System unterschiedliche Formen der Heilbehandlung, die dem Bereich der Energiemedizin zuzuordnen sind.

## Die Struktur des Systems

Phyllis Furumoto, die derzeitige Großmeisterin der traditionellen Form des Usui-Systems, Usui Shiki Ryoho, hat neun Elemente benannt, die die grundlegende Struktur des Systems in ihren Hauptaspekten beschreiben. So wird die Fähigkeit, Reiki anzuwenden, mittels *Einweihungen* übertragen, die der Reiki-Meister an den Kursteilnehmern vornimmt. Nach Erhalt der Einweihungen können die Kursteilnehmer sich selbst und Anderen *Behandlungen* mit Reiki geben. Im Rahmen der Einweihungen sowie fortgeschrittener Übungen werden bestimmte *Symbole* angewandt. Das Usui-System versteht sich als eine *mündliche Überlieferung*, es kann also nicht durch Bücher oder autodidaktisch erlernt werden, sondern nur in direktem Kontakt zu einem Reiki-Meister. Es gibt eine grundlegende *Unterrichtsform*, die bestimmte Inhalte umfasst wie z. B. die Einweihungen, das Erlernen spezifischer Handpositionen sowie die *Geschichte* des Usui-Systems und die sogenannten *Lebensregeln*. Die Unterrichtsform umfasst drei Ebenen: den ersten Grad, den zweiten Grad und die Meisterebene. Innerhalb jeder Form des Usui-Systems (vgl. S. 33) gibt es eine *spirituelle Linie*, in der der jeweilige Großmeister steht und die sich zurückführen lässt auf den Begründer des Systems, Mikao Usui. Für die Teilnahme an einem Reiki-Seminar bezahlen die Teilnehmer *Geld*, was als Energieaustausch verstanden wird, für den zeitlichen und finanziellen Aufwand, den der Meister durch die Veranstaltung der Seminare hat.

## Warum ein Lehrsystem?

Eine Frage, die häufig gestellt wird, ist: Warum benötigt man Einweihungen bzw. eine Ausbildung zur Anwendung der universellen Lebensenergie, wenn es doch heißt, dass diese Energie jederzeit und überall im Universum präsent ist? Dazu lässt sich sagen, dass es den meisten Menschen heutzutage leider an einem reinen Zugang zu dieser Energie fehlt. Dies hat nicht zuletzt mit der Entwicklung zu tun, die unsere Zivilisation im Laufe der Jahrhunderte, insbesondere in den letzten 200 Jahren, genommen hat, eine Entwicklung, die individuell gelebte Spiritualität und natürliche Prozesse weitgehend unterdrückt. So ist es notwendig geworden, mittels eines Einweihungsvorgangs eine Rückanbindung an die universelle Lebensenergie zu schaffen.

Darüber hinaus gilt natürlich auch im spirituellen Bereich, wie im weltlichen Bereich, dass eine gute Ausbildung die beste Grundlage für ein erfolgreiches Wirken in der entsprechenden Disziplin ist.

## Tägliche Selbstbehandlung

Praktizierende des Usui-Systems haben einen stetigen Zugang zur universellen Lebensenergie Reiki. Durch die regelmäßige Selbstbehandlung (rd. 30–40 Min täglich) lassen sich viele gesundheitliche und seelische Probleme direkt bewältigen. Nach mehreren Jahren disziplinierter täglicher Selbstbehandlung kann gar ein körperlicher und geistiger Zustand erreicht werden, aus dem heraus nur noch selten, manchmal auch gar keine gesundheitlichen Probleme mehr entstehen. Auch wenn diese Sichtweise nicht zu verallgemeinern ist, da der Umgang mit Krankheit sehr individueller Natur ist, so gibt es doch viele Beispiele langjährig Praktizierender, die dies zeigen.

Es kann vorkommen, dass durch die Anwendung von Reiki auch schwere Krankheiten schnell überwunden werden. Meist ist es jedoch so, dass es Jahre der Zuwendung und vor allem auch einer Veränderung der Lebensweise bedarf, um wieder nachhaltig zu gesunden. Dasselbe gilt für die Behandlung chronischer Krankheiten, die im Laufe vieler Jahre entstanden sind und die deshalb meist nicht augenblicklich wieder verschwinden, sondern erst mit der regelmäßigen, täglichen Selbstbehandlung, Stück für Stück, in den Griff zu kriegen sind.

## Heilung und Spiritualität

Eine häufig gestellte Frage ist, inwiefern ein zwingender Zusammenhang zwischen Heilung und Spiritualität besteht: Ist das Erfahren von Heilung eine Voraussetzung für den spirituellen Weg? Dazu lässt sich sagen, dass man, allein um sich auf spiritueller Ebene weiterzuentwickeln, nicht zwangsläufig ein auf Heilung ausgerichtetes *System* wie das Usui-System des Reiki praktizieren muss, sofern ein unbedingtes Vertrauen darin besteht, dass eine höhere Kraft einem die nötige Heilung *auf direktem Wege* zukommen lässt. So kann es also für den spirituellen Weg im Einzelfall auch ausreichen, z. B. regelmäßig zu meditieren.

Auf die umgekehrte Frage, „Ist es nötig, sich spirituell auszurichten, um Heilung zu erlangen?“, lässt sich dagegen antworten, dass es tatsächlich zu keiner wirklichen, tief gehenden Heilung kommen kann, ohne eine gewisse spirituelle Anstrengung seitens der Person, die die Heilung benötigt. Es muss also bis zu einem gewissen Grad eine innere Veränderung und spirituelles Wachstum geben, damit wahre Heilung stattfinden kann.

## Die Energie – das System

Es sei hier noch darauf hingewiesen, dass im täglichen Sprachgebrauch der Begriff „Reiki“ meist synonym für den Begriff „Usui-System des Reiki“ verwendet wird. Dagegen ist nichts einzuwenden, solange dabei nicht vergessen wird, dass die universelle Lebensenergie Reiki natürlich nicht identisch ist mit einem System, das der Anwendung dieser Energie dient; ein solches System stellt lediglich *eine* Form dar, mit dieser Energie zu arbeiten. Reiki als Energieform besteht unabhängig von Systemen, die sich auf sie beziehen.

# 3. Die Geschichte des Usui-Systems

Der Geschichte des Usui-Systems des Reiki kann man sich auf zwei Wegen annähern. Einer davon ist die legendenhafte Erzählung, wie sie von Reiki-Meistern, die die traditionelle Form des Systems lehren, im Rahmen des 1. Grad-Kurses an die Kursteilnehmer übermittelt wird. Dabei geht es in erster Linie nicht um die Wiedergabe von Fakten, sondern im Kern darum, anhand der Geschichte des Systems ein Gefühl für das Wesen von Reiki zu vermitteln sowie darum, exemplarische Situationen im Zusammenhang mit Reiki zu verdeutlichen. Auch wenn es sich bei den Elementen der legendenhaften Erzählung nicht durchgängig um Fakten handelt, so lässt sich doch feststellen, dass der weitaus größte Teil des Erzählten mit realen Fakten korrespondiert, die die entsprechende Grundlage für die Erzählung bilden.

## Die Legende

Ende des 19. Jahrhunderts lebte in Japan ein christlicher Priester, Mikao Usui, der an einer kleinen Universität in der Stadt Kyoto Religionsunterricht lehrte. Eines Tages, nach dem Unterricht, kamen zwei seiner Schüler zu ihm und fragten ihn: „Sie haben uns Geschichten aus der Bibel erzählt und davon, wie Jesus Kranke heilte, indem er ihnen die Hände auflegte. Können Sie uns auch sagen, wie Jesus das gemacht hat?“ Auf diese Frage wusste Usui keine Antwort. Dies beschäftigte ihn so sehr, dass er schon bald darauf seine Tätigkeit als Lehrer beendete und sich auf die Suche nach einer Antwort auf diese Frage begab.

Sein Weg führte ihn zunächst nach Amerika, wo er an einer großen Universität ein Studium in Religionswissenschaften begann. Dies brachte ihn jedoch nicht weiter, und so kehrte er bald zurück nach Asien, bereiste verschiedene Länder und kam schließlich zurück nach Japan. Auf seinen Reisen hatte er erfahren, dass nicht nur Jesus, sondern auch Buddha die Fähigkeit besaß, durch Handauflegen zu heilen. So zog sich Mikao Usui nun in ein buddhistisches Kloster zurück, um zu meditieren und auf diese Weise der Antwort auf seine Frage näher zu kommen.

Eines Tages entdeckte er in der Bibliothek des Klosters Schriftrollen, in denen beschrieben war, wie Buddha mit den Händen geheilt hatte. Er war am Ende seiner Suche angelangt: Nun hatte er das Wissen darum, wie man durch Handauflegen heilen konnte. Was ihm jedoch fehlte, war die Kraft, dieses Wissen auch in die Tat umzusetzen. Er beriet sich mit dem Abt des Klosters, und beide kamen überein, dass es das Beste sei, wenn er, Usui, sich in die Berge zurückziehen und dort 21 Tage lang fasten und meditieren würde, um so einen praktischen Zugang zu dem gefundenen Wissen zu erlangen.

Schon bald machte Mikao Usui sich auf den Weg in die Berge. Dort fand er ein schönes Plätzchen, direkt vor einem Wasserfall, wo er sich niederließ. Am ersten Tag reihte er 21 Steine vor sich auf, und jeden Tag warf er einen davon fort, um so den Überblick über die Zeit zu behalten, die er sich dort oben befand. Sehr lange passierte gar nichts, und Usui wollte schon aufgeben, doch in der allerletzten Nacht nahm er am Horizont ein Licht wahr, das langsam näher kam, direkt auf ihn zu, und als es ihn schließlich am Kopf traf, fühlte er sich geöffnet und vollkommen frei. Er sah Symbole in Lichtblasen vor sich aufsteigen, und spontan wurde ihm das Wissen von Reiki zuteil.

Nachdem er nun sein Ziel erreicht hatte, machte er sich am nächsten Tag wieder auf den Weg zurück ins Tal. Nach dem langen Sitzen war ihm das Gehen noch ungewohnt, und er stieß sich eine Zehe an einem herumliegenden Stein. Sofort legte er beide Hände auf die schmerzende Stelle, und schon bald ging der Schmerz zurück. Etwas später kam er an einer Herberge vorbei, und er beschloss, dort einzukehren. Auf der Terrasse sah er eine junge Frau sitzen, die Tochter des Herbergsvaters, die sich ihre Wange hielt. Usui dachte sich, dass sie wohl Zahnschmerzen habe und fragte sie: „Darf ich dir helfen?“ Die junge Frau war erstaunt, aber sagte: „Ja.“ Usui legte ihr seine Hände auf die Wange, und schon wenige Minuten später ging es ihr erheblich besser. Darüber waren die junge Frau und ihr Vater so erfreut, dass sie Usui zu einem üppigen Mahl einluden, das dieser dankend annahm. Trotz seiner langen Fastenzeit bekam ihm das Essen ausgesprochen gut.

Am Nachmittag setzte er seinen Weg hinunter ins Tal fort, und schon bald gelangte er zurück ins Kloster, wo sein Freund, der Abt, ihn bereits erwartete. Zu dieser Zeit ging es dem Abt gesundheitlich gar nicht gut. Er hatte starke Rückenschmerzen, doch Usui konnte seine Schmerzen lindern. Am nächsten Tag berieten die beiden, was jetzt am besten zu tun sei. Sie kamen zu dem Schluss, dass Usui mit seiner neu erlangten Fähigkeit zunächst in ein nahe gelegenes Armenviertel gehen solle, da die Menschen dort seine Hilfe am dringendsten benötigen würden.

In seiner ersten Zeit im Armenviertel ging Mikao Usui tagsüber mit einer brennenden Fackel durch die Straßen, und als die Leute zu ihm sagten: „Mönch, was tust du? Es ist doch helllichter Tag …“, da antwortete er: „Ich sehe hier nur Dunkelheit. Wenn ihr etwas über das Licht erfahren möchtet, dann kommt heute Abend zu mir.“ Viele Leute kamen, und er lehrte sie die Kunst des Handauflegens. In der Folge wurden viele geheilt, konnten das Armenviertel verlassen und fanden ihren Weg zurück in die Gesellschaft. Doch nach einiger Zeit bemerkte Usui, dass einige derjenigen, die das Viertel bereits verlassen hatten, plötzlich wieder da waren. Darauf angesprochen, antworteten sie: „Dort draußen in der Welt ist alles so schwierig. Hier fühlen wir uns wohler. Hier müssen wir nichts tun.“ Dies brachte Usui ins Grübeln, denn solche Ansichten konnte er nicht gutheißen. Von diesem Tag an, so heißt es, fügte er seiner Lehre zwei Aspekte hinzu: die fünf Reiki-Lebensregeln, als Nahrung für den Geist, damit nicht nur die Krankheiten des Körpers, sondern auch die Fehlhaltungen des Geistes geheilt würden, sowie den Grundsatz, dass jeder, der fortan Reiki erlernen wollte, im Austausch dafür auch etwas geben musste, um die erhaltene Gabe zu wertschätzen.

Mikao Usui setzte sein Wirken fort, zunächst im Armenviertel, dann an anderen Orten in Japan. Als sich sein Leben dem Ende neigte, hatte er viele Menschen in Japan in Reiki eingeweiht. Ein enger Schüler von ihm, Dr. Hayashi, ein Arzt und Marineoffizier im Ruhestand, trat seine Nachfolge an. Nach Usuis Tod eröffnete Dr. Hayashi eine Reiki-Klinik in Tokio. Vor dem Hintergrund seines Wissens als Arzt begann er, die Wirkungen von Reiki systematisch zu erfassen.

Eines Tages kam eine junge Frau aus Hawaii in Dr. Hayashis Reiki-Klinik. Ihr Name war Hawayo Takata. Sie war ein Kind japanischer Eltern, die vor vielen Jahren nach Hawaii ausgewandert waren. Sie war nach Japan gekommen, um eine schwierige Operation durchführen zu lassen; sie hatte ein schweres Bauchleiden, einen Tumor. Bereits auf dem OP-Tisch liegend, hatte sie eine Stimme gehört, die ihr gesagt hatte: „Die Operation ist nicht nötig.“ Als sie daraufhin den Arzt gefragt hatte, ob es noch eine andere Möglichkeit für sie gebe als die geplante Operation, wurde ihr die Reiki-Klinik von Dr. Hayashi empfohlen. Nun stand sie erwartungsvoll in der Tür der Klinik, und Dr. Hayashi hieß sie willkommen.

In der Folgezeit erhielt sie täglich eine Behandlung mit Reiki, bis sie vollkommen geheilt war. Daraufhin war Frau Takata so begeistert von Reiki, dass sie Dr. Hayashi bat, sie in Reiki einzuweihen. Doch Dr. Hayashi verneinte, da Frau Takata keine Japanerin war, sondern aus Hawaii stammte. Frau Takata gab jedoch nicht auf, sondern besorgte sich ein Empfehlungsschreiben eines angesehenen Arztes, dem Chirurgen, der die zunächst geplante Operation hatte durchführen sollen, und kehrte damit zu Dr. Hayashi zurück. Schließlich gelang es ihr, Dr. Hayashi zu überzeugen, und er weihte sie in alle drei Grade des Usui-Systems des Reiki ein. Bald kehrte sie nach Hawaii zurück, wo sie Reiki unter den Leuten verbreitete.

Eines Nachts hatte sie einen Traum, in dem es um ihren Lehrer, Dr. Hayashi, ging. Am nächsten Morgen wusste sie intuitiv, dass etwas Wichtiges geschehen war und dass ihr Lehrer ihren Beistand benötigte. Also machte sie sich umgehend auf den Weg nach Japan. Bei Dr. Hayashi angekommen, klopfte sie an seine Tür. Er öffnete ihr und sagte: „Ich freue mich, dass du gekommen bist, aber es ist noch zu früh. Bitte verbringe noch einige Zeit bei einem Kollegen von mir, der dir einiges beibringen wird. Wenn die richtige Zeit gekommen ist, werde ich dir Bescheid geben."

Frau Takata tat wie ihr geheißen, und als sie einige Wochen später eine Depesche von Dr. Hayashi erhielt und wieder zu ihm zurückkehrte, erfuhr sie, dass der Anlass ihres Treffens ein sehr trauriger war: Es war die Zeit während des Zweiten Weltkriegs, kurz bevor Japan in die Kampfhandlungen eintrat. Da Dr. Hayashi Offizier der japanischen Marine war, befürchtete er, bald zum Militärdienst eingezogen zu werden und damit am Krieg teilnehmen zu müssen. Dies konnte er jedoch weder mit seinem Gewissen noch mit dem im Laufe der Zeit erlangten Bewusstseinszustand vereinbaren, und so hatte er sich dazu entschlossen, seinem Leben vorzeitig ein Ende zu setzen. Er ernannte Frau Takata offiziell zu seiner Nachfolgerin, und im Rahmen einer feierlichen Zeremonie, bei der nur die engsten Verwandten und Schüler anwesend waren, schied er aus dem Leben.

In der Folgezeit setzte Frau Takata Dr. Hayashis Werk auf Hawaii und auf dem amerikanischen Festland fort. Ihr weiteres Leben widmete sie dem Lehren und Praktizieren des Usui-Systems des Reiki. Über sie kam das System in die Vereinigten Staaten, von wo aus es sich weiter nach Europa ausbreitete. In den 1970er Jahren, nach mehr als 30-jähriger Erfahrung mit Reiki, begann

Frau Takata, insgesamt 22 Reiki-Meister auszubilden, darunter auch ihre Enkelin Phyllis Furumoto, die seit dem Tod ihrer Großmutter im Dezember 1980 als deren Nachfolgerin gilt.

Soweit die legendenhafte Erzählung der Geschichte des Usui-Systems, die mitunter weitere Handlungsstränge und Zusammenhänge umfasst, je nachdem, worauf der erzählende Meister, entsprechend den Erfordernissen der jeweiligen Situation, das Augenmerk richten möchte.

## Historische Fakten

Schaut man sich nun, in einem zweiten Schritt, die Fakten an, die heute vorliegen*, u. a. nach Wiederentdeckung eines im Jahr 1927 errichteten Gedenksteines für Mikao Usui, so ergibt sich folgendes Bild:

Gemäß der Inschrift des Gedenksteines, der ein Jahr nach Usuis Tod am Seihoji-Tempel in Tokio von einigen seiner Schüler errichtet wurde, wurde Mikao Usui am 15. August 1865 in Japan geboren. Von Kindheit an soll er ein fleißiger Mensch gewesen sein, der sich auch unter schweren Bedingungen durchzusetzen wusste. Als Erwachsener ging er nach Europa und Amerika, später studierte er in China. Doch seine Karriere, so heißt es, verlief nicht so, wie er es sich gewünscht hatte. Er hatte wenig Glück und war oft in finanzieller Not.

Weiterhin heißt es, Usui habe ein sanftmütiges und bescheidenes Wesen gehabt, er habe wenig Wert auf Äußerlichkeiten gelegt und er sei stets geduldig und umsichtig gewesen. Er scheint ein vielseitig talentierter und belesener Mann gewesen zu sein, der sich auf den unterschiedlichsten Wissensgebieten auskannte, so

* Weitere ausführliche Informationen zur Geschichte des Usui-Systems finden sich in dem Buch „Die Reiki-Systeme der Welt", Oliver Klatt (bei Windpferd erschienen).

z. B. in der Medizin, in der Psychologie, im Orakelwesen sowie mit religiösen Schriften des Buddhismus, des Taoismus und des Christentums.

Nach allem, was wir heute darüber wissen, war die Geburtsstunde des Usui-Systems des Reiki, als Mikao Usui eine erleuchtende Erfahrung auf dem heiligen japanischen Berg Kurama, bei Kioto, hatte. Dorthin war er gepilgert, um sich für 21 Tage zurückzuziehen, um zu fasten und zu meditieren, und dabei wurde ihm das Wissen um die Anwendung von Reiki zuteil. In der Zeit danach probierte er die neu erlangte Fähigkeit zunächst an sich selbst und an seiner Familie aus (er hatte eine Frau und zwei Kinder). Innerhalb kürzester Zeit zeigten sich sehr positive Wirkungen. Daraufhin entschied er, diese Fähigkeit nicht für sich alleine zu behalten, sondern sie an die Menschen weiterzugeben. Im April 1922 begann er, als Lehrer und Heiler in Tokio zu wirken.

Etwa anderthalb Jahre nachdem Usui sein Wirken in Tokio aufgenommen hatte, kam es zu einem großen Erdbeben, bei dem die Stadt zum größten Teil niederbrannte. (Noch heute ist dieses Erdbeben aufgrund seiner verheerenden Wirkung in ganz Japan allgemein bekannt.) Es heißt, Usui lief danach täglich durch die Stadt und konnte vielen leidenden Menschen mit Reiki helfen. Nach dem großen Erdbeben bemühte man sich in Tokio um einen raschen Wiederaufbau. Mit der Zeit strömten immer mehr Leute zu Mikao Usui, und irgendwann wurde das Haus, in dem er zunächst ansässig war, zu klein für den großen Ansturm von Menschen. So siedelte er um in ein größeres Haus, das in einem Vorort von Tokio, in Nakano, erbaut wurde.

Nachdem das Wirken Usuis weitere Kreise gezogen hatte, wurde er in verschiedene Gegenden Japans eingeladen. So begab er sich eines Tages auf eine längere Reise, von der er nicht mehr zurückkehren sollte: Er fuhr nach Kure und Hiroshima, reiste weiter nach Saga und kam schließlich nach Fukuyama. Dort erkrankte er unerwartet und verstarb in einer Herberge. Dies war am 9. März 1926. Mikao Usui wurde 61 Jahre alt.

Bis zu seinem Tod hatte Usui rd. 2.000 Menschen in die grundlegende Praxis seines Systems eingeweiht. Doch nur rd. 20 Menschen hatte er auch die Lehrerlaubnis erteilt. Einige dieser Lehrer führten nun sein Werk fort, darunter eine Gruppe japanischer Offiziere, die sich in einer noch zu Lebzeiten Usuis gegründeten Organisation formierten (der Usui Reiki Ryoho Gakkai), die bis heute in Tokio ansässig ist. Darüber hinaus führten andere von Usui eingeweihte Lehrer, die nicht Mitglied dieser Organisation waren bzw. diese nach Usuis Tod verließen, sein Werk fort. Zu diesen Lehrern zählen Toshihiro Eguchi, Kaiji Tomita und der für die spätere, weltweite Verbreitung des Systems so bedeutsame Dr. Chujiro Hayashi.

Dr. Hayashi, ein Militärarzt und Marineoffizier der Reserve, war einer der letzten von Usui eingeweihten Lehrer. Vor dem Hintergrund seiner ärztlichen Tätigkeit systematisierte er die Formen der Behandlung mit Reiki und begann, umfassende Aufzeichnungen hierzu vorzunehmen. Mitte der 1920er Jahre richtete Dr. Hayashi eine Reiki-Klinik in Tokio ein. Die Klinik umfasste rd. zehn Behandlungsliegen, auf denen die Patienten von jeweils zwei Praktizierenden gleichzeitig mit Reiki behandelt wurden. Bei Eröffnung der Klinik gründete Dr. Hayashi auch eine eigene Reiki-Organisation (die Hayashi Reiki Kenkyukai). Er gab nun regelmäßig Reiki-Seminare, nicht nur in Tokio, sondern auch in anderen japanischen Städten. Seine Frau, die er in den Lehrergrad einweihte, schloss sich seinem heilerischen Wirken an.

Ende des Jahres 1935 erschien in der Klinik Dr. Hayashis eine junge Frau aus Hawaii. Sie war das Kind japanischer Eltern, die im vorigen Jahrhundert ausgewandert waren. Ihr Name war Hawayo Takata. Anfangs bat sie darum, Reiki-Behandlungen zu erhalten, aufgrund ihres schweren Bauchleidens. Später, nachdem ihr Leiden durch Reiki vollständig geheilt war, wollte sie das Usui-System selber erlernen. Da die Regeln der von Hayashi gegründeten Organisation jedoch besagten, dass keine Ausländer in den Seminaren zugelassen seien (wie es damals in Japan gängige Praxis war), war dies zunächst nicht möglich. Jedoch insistierte Frau Takata, legte gute Gründe für ihren Wunsch dar und brachte zudem ein Empfehlungsschreiben eines bekannten Arztes bei. Schließlich entschied man, dass Frau Takata als Ehrenmitglied aufgenommen werden könne, was es ihr ermöglichte, das Usui-System des Reiki zu erlernen.

Nachdem sie den ersten Grad des Systems absolviert hatte, blieb Frau Takata noch für rd. ein Jahr in Tokio, um ihre Ausbildung im Usui-System fortzusetzen. Dr. Hayashi ließ sie vormittags in der Klinik mitarbeiten, und nachmittags begab sie sich auf Hausbesuche. Schließlich erlernte sie auch den zweiten Grad, und im Sommer 1937 kehrte sie in ihre Heimat, nach Hawaii, zurück. Wie es scheint, war in ihrer Lehrzeit bei Dr. Hayashi eine ganz besondere Verbindung zu ihm entstanden. Denn nur wenige Wochen nach Takatas Abreise aus Japan kam Dr. Hayashi für die Dauer von sechs Monaten nach Hawaii, um dort bei der Einführung des Usui-Systems zu helfen. Er hielt Vorträge und gab Seminare, bei denen Frau Takata ihn unterstützte. Kurz bevor er Anfang 1938 wieder nach Japan zurückkehrte, verkündete er, dass Frau Takata nun Reiki-Meisterin sei und von ihm dazu ermächtigt, Reiki-Seminare zu geben.

Zurück in Japan, sollten Dr. Hayashi noch rd. zwei Jahre bis zu seinem Tod im Mai 1940 bleiben. Zu dieser Zeit stand Japan kurz vor dem Eintritt in den Zweiten Weltkrieg. Wie es heißt, musste Dr. Hayashi, als Marineoffizier der Reserve, damit rechnen, dass seine Einberufung in den Militärdienst kurz bevorstand. Als langjähriger Reiki-Praktizierender und -Lehrer wäre es ihm jedoch schwer gefallen, als Offizier, selbst im Sanitätsdienst, am Krieg teilzunehmen. Er wusste, dass er keine Reiki-Behandlungen hätte geben dürfen, sondern schulmedizinische Formen der Behandlung hätte anwenden müssen, womit er nicht einverstanden war. Wegen seiner Reise nach Hawaii musste er außerdem damit rechnen, unter den Verdacht der Spionagetätigkeit zu geraten. So stand er vor der für ihn unmöglichen Wahl, in den Krieg zu ziehen oder gefangengenommen und hingerichtet zu werden. Also entschloss er sich, in Würde zu sterben: in Gegenwart seiner Frau und einiger seiner Schüler setzte er seinem Leben selbst ein Ende.

Chujiro Hayashi starb am 11. Mai 1940 in seinem Landhaus in Atami. Nach seinem Tod gab es rd. 15 Personen, die von ihm in den Lehrergrad eingeweiht worden waren. Während Frau Takata sein Werk auf Hawaii fortführte, bemühte sich seine Frau, Chie Hayashi, um die Fortführung seines Werkes in Japan. Sie übernahm die Leitung der von ihm gegründeten Reiki-Organisation und reiste durch Japan, um Seminare zu geben und die verschiedenen Zweigstellen zu besuchen. Nach Chie Hayashis Tod gab es jedoch niemanden mehr, der die Organisation weiterführte.

Frau Takata setzte derweil das Werk Dr. Hayashis auf den Hawaiianischen Inseln fort. Dabei verlegte sie den Schwerpunkt ihres Wirkens von der Insel Honolulu auf die Hauptinsel Hawaii, wo sie ein Reiki-Zentrum eröffnete. Nach rd. zehn Jahren erfolgreichen Wirkens kehrte sie schließlich wieder nach Honolulu zurück, wo sie fortan lebte. Sie hatte ein Reiki-Behandlungszentrum, reiste von Insel zu Insel, gab Reiki-Seminare und bereiste auch das amerikanische Festland. Dabei soll sie Persönlichkeiten wie den bekannten Schriftsteller Aldous Huxley und den Hollywood-Schauspieler Danny Kaye in Reiki eingeweiht haben.

Erst im Jahr 1975, nachdem Frau Takata sich der Verantwortung bewusst geworden war, die sie trug (als einzige Person, die das Usui-System des Reiki in der Welt lehrte – von den wenigen Meistern, die zu dieser Zeit in Japan im Verborgenen das Werk Usuis fortführten, wusste sie nichts), begann sie damit, Reiki-

Meister auszubilden, um den Fortbestand des Systems zu sichern. In den fünf Jahren bis zu ihrem Tod im Jahr 1980 weihte sie insgesamt 22 Meister ein, die meisten von ihnen waren US-Amerikaner.

Frau Takata verstarb, ohne eine offizielle Erklärung bezüglich ihrer Nachfolge gegeben zu haben. Jedoch besteht nach Aussage Takata damals nahe stehender Meisterinnen kein Zweifel daran, dass sie in ihren letzten Jahren für ihre Nachfolge ihre Enkeltochter Phyllis Furumoto und/oder Dr. Barbara Ray vorgesehen hatte. 1981, etwa ein Jahr nach Takatas Tod, trafen sich die von Takata eingeweihten Meister auf den Hawaiianischen Inseln. Alle zweiundzwanzig waren von Phyllis Furumoto dazu eingeladen worden, siebzehn von ihnen kamen. Wie es heißt, erkannte die Mehrheit der auf diesem Treffen anwesenden Meister Phyllis Furumoto als die Nachfolgerin Hawayo Takatas an.

Bis heute wird Phyllis Furumoto von den Meistern und Praktizierenden der traditionellen Form des Usui-Systems, Usui Shiki Ryoho, als Großmeisterin anerkannt. Gemeinsam mit Paul Mitchell, einem weiteren von Takata eingeweihten Meister, bildet sie das Großmeisterbüro des Usui Shiki Ryoho. In Reaktion auf die schlagartige, weltweite Verbreitung des Usui-Systems in den 1980er und 90er Jahren formulierten Furumoto und Mitchell, zusammen mit der sie umgebenden Meistergemeinschaft, Takatas Lehren zu einem System aus (siehe S. 17 und S. 33).

Eine weitere von Takata ausgebildete Reiki-Meisterin ist Dr. Barbara Ray. Sie gehört zu jenen, die dem Meistertreffen nach Takatas Tod auf den Hawaiianischen Inseln fern blieben. Dr. Ray sah sich als einzige legitime Nachfolgerin Takatas und führte von 1981 an auf ihre Weise das Werk Takatas fort. Sie begründete ein neues System der sieben Grade, das sie heute Die Radiance Technik nennt.

Im Laufe der Jahre entwickelten sich weitere Stile und Formen des Usui-Systems des Reiki, darunter das Rainbow Reiki nach

Walter Lübeck, das Osho Neo-Reiki nach Himani H. Gerber und das Karuna Reiki nach William Lee Rand. Die überwiegende Mehrheit der heute weltweit lehrenden Reiki-Meister versteht sich jedoch als „freie Meister“, die sich keiner bestimmten Form des Systems mehr zugehörig fühlen.

Mitte der 1990er Jahre wurde der Gedenkstein wiederentdeckt, der 1927 für Mikao Usui von einigen seiner Schüler am Seihoji-Tempel in Tokio errichtet worden war. Nachdem Frank Petter, ein deutscher Reiki-Meister, der zu dieser Zeit in Japan lebte und an der Wiederentdeckung beteiligt war, hierüber in seinen Büchern berichtete, setzte ein Prozess ein, der bis zum heutigen Tage andauert.

Heute reflektieren Millionen Reiki-Meister und -Praktizierende weltweit ihre Lehre und Praxis im Lichte der neu gewonnenen Erkenntnisse und werden sich der historischen Zusammenhänge zunehmend bewusster.

# 4. Die Reiki-Systeme der Welt

Im Zuge der weltweiten Verbreitung des Usui-Systems des Reiki haben sich verschiedene Formen und Stile des Systems herausgebildet. Hier soll ein kurzer Überblick über die wichtigsten Formen gegeben werden, die heute praktiziert werden.* Dabei wurden nur jene Formen berücksichtigt, die zum einen, was ihre Verbreitung in der Welt angeht, einen gewissen Geltungsraum für sich beanspruchen können und die zum anderen ein ausreichendes Maß an Kontinuität und Integrität bei der Mehrheit der zugehörigen Meister und Praktizierenden erkennen lassen.**

## Usui Shiki Ryoho

Usui Shiki Ryoho ist die traditionelle Form des Usui-Systems, die, ausgehend von Mikao Usui, über Dr. Hayashi und Hawayo Takata in den Westen kam und die heutige Hauptform des Systems darstellt. Die derzeitige Großmeisterin Phyllis Furumoto trat Anfang der 1980er Jahre die Nachfolge ihrer Großmutter Hawayo Takata an (vgl. S. 31).

Das System kennt drei Grade bzw. Ebenen: den ersten Grad, den zweiten Grad und die Meisterebene. Im Rahmen eines 1. Grad-Seminars finden vier Einweihungen statt. Die Teilnehmer/innen erlernen die Handpositionen zur Selbstbehandlung

---

* Weitere umfassende Informationen zu den verschiedenen Formen des Usui-Systems finden sich in dem Buch „Die Reiki-Systeme der Welt“, Oliver Klatt (bei Windpferd erschienen).

** Die unterschiedlichen formalen Bezeichnungen (z. B. erster Grad, Erster Grad, 1. Grad, I. Grad), die in diesem Kapitel in den Beschreibungen der einzelnen Formen des Usui-Systems Verwendung finden, entsprechen, nach bestem Wissen, den Gepflogenheiten innerhalb der Gemeinschaft der Praktizierenden der jeweiligen Form.

sowie zur Behandlung anderer Personen und werden mit den Reiki-Lebensregeln und der Geschichte des Usui-Systems vertraut. Im Rahmen eines 2. Grad-Seminars, das frühestens sechs Monate nach dem 1. Grad-Seminar stattfinden sollte, werden drei Symbole gelehrt. Mit der dazugehörigen Einweihung erhalten die Teilnehmer/innen die Befähigung zur Verstärkung des Reiki-Flusses sowie zur Durchführung von Mentalheilungen und Fernheilungen. Für die Meisterebene ist eine längere Ausbildungszeit vorgesehen. Diese kann mehrere Jahre umfassen, während der der Schüler eine tiefergehende Beziehung zum einweihenden Meister eingeht. Nach Abschluss der Meisterausbildung ist der Schüler selbst Meister und kann andere in den ersten und zweiten Grad einweihen. Es wird erwartet, dass er rd. zehn Jahre wartet, bevor er wiederum andere in die Meisterebene einführt, falls er dies überhaupt als seine Aufgabe betrachtet. Die regelmäßige Praxis des Usui Shiki Ryoho besteht in der täglichen Selbstbehandlung mit Reiki und dem aufrichtigen Bemühen darum, die Inhalte der Lebensregeln (siehe S. 51) im Alltag in die Tat umzusetzen.

Usui Shiki Ryoho stellt eine einfache Form des Usui-Systems dar, die in ihrer Ausprägung vor allem auf Dr. Hayashi und Frau Takata zurückgeht. Dieses System wird heute von mehreren Tausend Reiki-Meistern weltweit gelehrt. Viele dieser Meister sind Mitglied in der internationalen Reiki-Meister-Vereinigung The Reiki Alliance (TRA), die 1982 gegründet wurde. Die Mitglieder dieser Vereinigung erkennen Phyllis Furumoto als Großmeisterin an, in der Nachfolge von Hawayo Takata. In Deutschland gibt es die Reiki Alliance Deutschland (RAD), die zwar aus der internationalen Vereinigung hervorgegangen ist, jedoch keine direkte Untergruppe der internationalen Vereinigung ist.

Usui Shiki Ryoho stellt die Grundform dessen dar, was als das Usui-System des Reiki in den letzten 25 Jahren in der Welt Verbreitung gefunden hat. Damit kann diese Form als Ausgangspunkt für die weltweite Verbreitung des Usui-Systems betrachtet werden sowie als Basisform für alle weiteren aus ihr hervorgegangenen Formen und Stile des Systems.

**Buchtipp:** Reiki leben, Fran Brown, Synthesis Verlag
**Websites:** www.reikialliance.com (u. a. in deutscher Sprache), www.usuireiki-ogm.com (in englischer Sprache), www.reiki-alliance-deutschland.de (in deutscher Sprache), www.reiki-organisation.de (u. a. in deutscher Sprache)

## Die Radiance Technik

Die Radiance Technik ist die heutige Bezeichnung des Systems, das von Dr. Barbara Ray entwickelt wurde, in Fortführung des Werkes ihrer Lehrerin Hawayo Takata (vgl. S. 31). Ein weiterer Name dieser Technik ist „Authentisches Reiki".

Die Radiance Technik umfasst sieben Grade. Ab dem III. Grad sind diese teils in eine A- und eine B-Linie unterteilt. Dabei dient der jeweilige A-Grad dem persönlichen Wachstum und der Transformation, während der jeweilige B-Grad eine zusätzliche Einweihung und die entsprechende Lehrbefähigung umfasst. So lernt man im III B-Grad, den I. und II. Grad zu geben, im V B-Grad, den III A-Grad zu unterrichten, und mit dem VII B-Grad kann man dann alle Grade lehren.

Leider erschwert die ablehnende Haltung seitens Dr. Barbara Ray und der Mehrzahl der Lehrer/innen der Radiance Technik gegenüber allen Personen, die andere Formen des Usui-Systems lehren, den Dialog untereinander und macht es für Menschen, die außerhalb der Radiance Technik stehen, nahezu unmöglich, deren wesentliche Inhalte zu erfassen. In einer Publikation seitens einer Lehrerin der Radiance Technik heißt es, Die Radiance Technik sei „ihrer inneren Form nach in Kontakt mit reiner Radiant Lebensenergie (...) mit transzendentaler Lichtenergie." Ihrer äußeren Form nach sei sie „eine spezielle wissenschaftliche Methode der Anwendung und Ausrichtung dieser Licht-Energie." Das System bestehe aus „sieben Graden, zwölf Energieaktivierungen oder Einstimmungen und einer bestimmten Anzahl von kosmischen Symbolen. Eine Absicht oder ein Sinn dieses Systems ist, direkten Zugang und Öffnung zu den universalen Energieprinzipien zu geben."*

Noch zu Lebzeiten Hawayo Takatas gründete Dr. Ray die Vereinigung The Reiki Association, offenbar mit der Unterstützung Takatas. Diese Organisation besteht bis zum heutigen Tage fort, mittlerweile jedoch, nach mehreren Umbenennungen, unter dem Namen The Radiance Technique International Association (TRTIA). Heute ist dies ein international ausgerichteter, gemeinnütziger Verein, der sich für die weltweite Verbreitung der Radiance Technik und andere Ziele einsetzt. In Deutschland gibt es „Die Radiance Technik Gesellschaft e. V.", eine Untergruppe der internationalen Vereinigung, die als gemeinnütziger Verein eingetragen und anerkannt ist.

**Buchtipp:** Die Radiance Technik, Ulrike Wolf, Lüchow Verlag
**Websites:** www.authenticreiki.org, www.trtia.org (beide in englischer Sprache)

## Rainbow Reiki

Rainbow Reiki wurde gegen Ende der 1980er Jahre von Walter Lübeck entwickelt, auf Grundlage der traditionellen Form des Usui-Systems. Walter Lübeck erlernte das Usui-System des Reiki bei Brigitte Müller, der ersten deutschen Reiki-Meisterin; diese erhielt ihre Meistereinweihung von Phyllis Furumoto.

Rainbow Reiki stellt eine Weiterentwicklung der traditionellen Form des Usui-Systems dar. Dabei werden ursprüngliche, japanische Methoden, die auf Mikao Usui und Dr. Hayashi zurückgehen, ebenso integriert wie Entwicklungen seitens Walter Lübeck;

---

* Zitate aus: Die Radiance Technik, Ulrike Wolf, Stuttgart 2004, S. 37

dazu gehören die Essenzentechnik, das Karma Clearing, die Systematische Chakraarbeit sowie die spirituelle Arbeit auf den Ebenen des Höheren Selbst und des Inneren Kindes. Auch hat die Meditation im Rainbow Reiki einen besonderen Stellenwert. Neben den original belassenen Einweihungsritualen und Symbolen, die dem traditionellen Usui-System des Reiki entstammen, werden beim Rainbow Reiki neu entwickelte Formen spiritueller Energiearbeit vermittelt, die weitere Techniken, Einweihungen und Symbole umfassen. Die sehr umfangreichen Inhalte, z. B. bei den 2. Grad-Seminaren, können durch die Möglichkeit der wiederholten Seminarteilnahme als Gast vertieft werden. Wer bereits im traditionellen Usui-System eine Meisterausbildung erfahren hat und über eine mindestens zweijährige Erfahrung als Seminarleiter verfügt, kann in einer verkürzten Ausbildung lernen, den ersten und zweiten Grad des Rainbow Reiki zu lehren. Das System des Rainbow Reiki verfügt über einen philosophischen Hintergrund, dieser basiert vor allem auf den Reiki-Lebensregeln (siehe S. 51) sowie auf den drei Maximen „Stärkung der Eigenverantwortung“, „Förderung der Liebesfähigkeit“ und „Erweiterung des Bewusstseins“.

Ein besonderes Merkmal des Rainbow Reiki ist seine Praxisbezogenheit. Ein besonders Ziel dieses Systems ist es, den Anwendern effektive Hilfsmittel zur Hand zu geben, um in der Heilarbeit mit Klienten für jegliche Situation vorbereitet zu sein. Wer Rainbow Reiki professionell, in der beraterischen oder medizinischen Praxis, anwenden möchte, kann weiterführende, praxisorientierte Seminare belegen.

**Buchtipp:** Rainbow Reiki, Walter Lübeck, Windpferd Verlag
**Website:** www.rainbowreiki.net (u. a. in deutscher Sprache), www.rainbow-reiki.de (in deutscher Sprache)

## Gendai Reiki Ho

Gendai Reiki Ho versteht sich als eine Synthese von Reiki-Methoden westlicher und japanischer Herkunft. Entwickelt wurde das System von dem Japaner Hiroshi Doi, der zuvor Ausbildungen in verschiedenen Reiki-Systemen absolvierte, u. a. in den beiden westlich geprägten Systemen Die Radiance Technik und Osho Neo-Reiki sowie in der sehr ursprünglichen, japanischen Form des Usui-Systems, wie sie die Lehrer der Usui Reiki Ryoho Gakkai (vgl. S. 41) bis heute vermitteln.

Die zwei Schwerpunkte dieses Systems werden definiert als „Heilung der Seele und des Körpers" und „Spirituelle Entwicklung". Bei der Anwendung, so Doi, gehe es darum, „durch eine einfache, alltägliche Praxis das Leben friedvoll und fruchtbar zu gestalten". Die Techniken des Gendai Reiki Ho sind darauf ausgerichtet, ein Empfangssystem im Menschen zu schaffen, um durch Selbstreinigung und Bewusstseinserhöhung mit der Schwingung des Reiki, der universellen Lebensenergie, in Einklang zu kommen. Letztlich sollen die Techniken dazu dienen, mit Reiki mitschwingen zu können, ohne sich dessen bewusst zu sein.

Gendai Reiki Ho ist in vier Grade eingeteilt, bei denen, jeweils passend zum Entwicklungsstand des Praktizierenden, vermittelt wird, wie man mit Reiki mitschwingen und den Resonanzgrad erhöhen kann. Im Ersten, Zweiten und Dritten Grad erhalten die Kursteilnehmer je drei Einweihungen. Im Zweiten Grad werden drei Symbole übermittelt, und im Dritten Grad das Meistersymbol. Im Vierten Grad wird eine Einweihung „für die Vereinigung der vier Symbole, zum besseren Gleichgewicht aller Symbole" gegeben. Wer den Lehrergrad, d. h. den Vierten Grad, erhalten hat, kann frei darüber entscheiden, ob er Gendai Reiki Ho als für sich stehendes System lehrt oder es in das eigene System mit einbaut. Für jene, die bereits in anderen Formen des Usui-Systems eine Meister- bzw. Lehrerausbildung absolviert haben, werden

Spezialkurse angeboten, die in wenigen Tagen mit Gendai Reiki Ho vertraut machen sollen. Teil der Ausbildungsphilosophie des Gendai Reiki Ho ist es, die entsprechenden Kurse bei einem Lehrer unweit vom eigenen Wohnort zu absolvieren, da davon ausgegangen wird, dass die Kursteilnehmer auch nach dem Kurs immer wieder Unterstützung seitens ihres Lehrers benötigen.

**Buchtipp:** Modern Reiki Method for Healing, Hiroshi Doi, Fraser Journal Publishing (in englischer Sprache)

## Jikiden Reiki

Bei Jikiden Reiki handelt es sich um ein ursprüngliches, japanisches Reiki-System, das seit kurzem weltweit gelehrt wird. Es basiert vor allem auf der praktischen Reiki-Erfahrung von Chiyoko Yamaguchi, die 1938 die ersten beiden Grade des Usui-Systems bei Dr. Hayashi erlernte und später die Lehrerlaubnis von ihrem Onkel Wasaburo Sugano erhielt (der die Lehrerlaubnis von Dr. Hayashi erhielt). Seit dem Tode Chiyoko Yamaguchis im Jahr 2003 führt ihr Sohn, Tadao Yamaguchi, ihr Lebenswerk fort.

Jikiden Reiki nimmt für sich in Anspruch, das Usui-System des Reiki so zu vermitteln, wie es Dr. Hayashi in den 1930er Jahren in Japan gelehrt hat. Alle wichtigen Bestandteile des Systems werden mit den ursprünglichen japanischen Begriffen bezeichnet. Jikiden Reiki umfasst ein grundlegendes, ca. fünftägiges Seminar, in dem die Grade Shoden und Okuden zusammen gelehrt werden. Diese beiden Grade entsprechen in etwa den ersten zwei Graden des traditionellen Usui-Systems. Im Rahmen des Seminars findet täglich eine Einstimmung (Reiju) statt. Die Lebensregeln (Gokai) werden gemeinsam auf Japanisch rezitiert, und es werden zwei Symbole (Shirushi) und ein Mantra (Jumon) vermittelt, die zur Intensivierung des Energieflusses, zur psychischen Heilung und zur Fernheilung dienen. Besonderes Augenmerk wird auf das Behandeln mit Reiki gelegt sowie auf das Erspüren der Problembereiche (Byosen). Zur Verfeinerung der Wahrnehmungsfähigkeit in den Händen wird die Gassho-Meditation praktiziert. Der theoretische Teil des Seminars umfasst, neben der Reiki-Geschichte, auch Einblicke in die japanische Kultur und shintoistische sowie buddhistische Hintergründe des Usui-Systems. Weitere Grade des Jikiden Reiki sind der Shihan-kaku (Assistenzlehrer) – dieser umfasst das Erlernen der Einweihungstechnik, die Übermittlung eines weiteren Symbols (Shirushi) sowie die Berechtigung, den Shoden-Grad zu lehren – und schließlich der Shihan (Lehrer). Dieser letzte Grad wird derzeit ausschließlich von Tadao Yamaguchi persönlich gelehrt. Ein Quereinstieg in höhere Grade des Jikiden Reiki für Praktizierende oder Lehrer anderer Formen des Usui-Systems ist nicht möglich.

Die dem System zugehörige Organisation (die Jikiden Reiki Kenkyukai), deren erster Vorsitzender Tadao Yamaguchi ist, hat sich die Bekanntmachung und Verbreitung des Usui-Systems des Reiki als wirksame komplementäre Heilmethode auf ihre Fahnen geschrieben. Nicht zuletzt sollen mit Jikiden Reiki auch Menschen angesprochen werden, die im medizinischen Bereich arbeiten.

**Buchtipp:** Jikiden Reiki, Tadao Yamaguchi, Windpferd Verlag
**Websites:** www.jikidenreiki.co.uk (in englischer Sprache), www.jikidenreiki.de (in deutscher Sprache)

## Weitere Formen und Stile

Neben dem Jikiden Reiki gibt es weitere ursprünglich gehaltene, japanische Formen des Usui-Systems wie z. B. das **Komyo Reiki Kai.** Dieses System wurde von dem Japaner Hyakuten Inamoto begründet, auf Grundlage seiner Ausbildung bei Chiyoko Yamaguchi. Ein Merkmal der ursprünglichen, japanischen Formen des Systems ist, dass bei Heilbehandlungen mit Reiki nicht ausschließlich die Hände aufgelegt werden, sondern dass auch mit

Klopfen, Pressen, Reiben, Pusten etc. gearbeitet wird. Von Mikao Usui wird berichtet, dass er zuweilen seine Blicke für zwei bis drei Minuten auf einen Patienten heftete. Ein Buch, das umfassend über den ursprünglichen, japanischen Zugang zum Usui-System informiert, ist „The Japanese Art of Reiki" von Bronwen und Frans Stiene (erschienen bei O Books, in englischer Sprache).

Eine Form des Usui-Systems, deren spirituelle Linie, wie bei den japanisch geprägten Formen, nicht über Hawayo Takata führt, sondern von Dr. Hayashi aus eine andere Entwicklung nahm, ist das **Reiki Jin Kei Do.** So führt die spirituelle Linie dieser Form des Usui-Systems von Dr. Hayashi aus über zwei buddhistische Mönche bis hin zu Dr. Ranga Premaratna, dem heutigen Linienhalter. Kennzeichnend für dieses System ist, dass die Praxis des Usui-Systems vor allem als eine „spirituelle Entwicklung mit gesundheitsfördernden Merkmalen" gesehen wird. So wurden vor allem die meditativen Elemente des ursprünglichen Usui-Systems vertieft und mit tibetisch-buddhistischen Praktiken verschmolzen, in denen die Linienhalter Gemeinsamkeiten mit dem Usui-System des Reiki erkannten. Ein Buch über diese Form des Systems ist „Reiki Jin Kei Do: The Way of Compassion & Wisdom" (erschienen bei O Books, in englischer Sprache). Eine Website, auf der umfassende Informationen zu Reiki Jin Kei Do zu finden sind, ist: www.healing-touch.co.uk (in englischer Sprache).

Eine Weiterentwicklung der traditionellen Form des Usui-Systems, ähnlich wie das Rainbow Reiki, jedoch nicht so weit verbreitet, ist das **Osho Neo-Reiki.** Die Begründerin, die Deutsche Himani H. Gerber, erlernte alle drei Grade des Usui-Systems bei Mary McFadyen, einer der 22 Meister/innen, die von Hawayo Takata ausgebildet wurden. Als Schülerin des indischen Meisters Osho (vormals Bhagwan) entwickelte sie in dessen Umkreis, in den 1990er Jahren, diese von den Lehren Oshos beeinflusste Form des Usui-Systems. So wird z. B. beim Osho Neo-Reiki im Rahmen des Ersten Grades eine Einführung in zwei Meditationstechniken nach Osho gegeben: die „Osho Dynamische Meditation“ und die „Osho Kundalini Meditation“. Als tägliche Praxis wird das „Osho Instant Reiki“ empfohlen, eine Behandlungsform, bei der die sieben Chakren* direkt mit Reiki versorgt werden. Weitere Informationen zu Osho Neo-Reiki finden sich auf der Website: www.OshoNeoReiki.com

Eine aus dem Usui-System hervorgegangene Form der Heilarbeit, die sich ausschließlich an Reiki-Meister richtet, ist das **Karuna Reiki.** Dieses System wurde von dem US-Amerikaner William Lee Rand entwickelt, auf der Grundlage gechannelter Symbole.** Das Karuna Reiki-System bietet eine Möglichkeit, nach der Einweihung in den Meistergrad und entsprechender Lehrerfahrung, die Heilarbeit mit Reiki weiter zu vertiefen. Dies geschieht auf der Basis gechannelten Materials und in Zusammenarbeit mit, wie es heißt, geistigen Führern. Ein Buch, das über diese Form der Heilarbeit informiert, ist „The Book On Karuna Reiki“ von Laurelle Shanti Gaia (erschienen bei Infinite Light Healing Study Center, in englischer Sprache). Eine Website mit Informationen zu Karuna Reiki ist: www.reiki.org / Stichwort: Karuna Reiki (in englischer Sprache).

Über die hier beschriebenen Formen des Usui-Systems des Reiki hinaus gibt es heute unzählige weitere Formen und Stile, mit oft phantasievollen Namen wie Alchemia Reiki, Blue Star Reiki, New Life Reiki, Tara Reiki etc. Inwieweit es sich dabei um ernst zu nehmende Stile mit einem gewissen Geltungsraum handelt, ist aus der Ferne nicht immer festzustellen.

---

* Chakren sind Energiezentren, die im feinstofflichen Körper des Menschen angesiedelt sind.

** Bei einem Channeling übermittelt eine sensitive Person, auch Medium genannt, Informationen oder Botschaften, wie es heißt, aus geistigen Quellen bzw. von geistigen Wesenheiten.

Wer sich für eines der in diesem Kapitel näher beschriebenen Systeme interessiert, findet in den Hinweisen zu den entsprechenden Büchern und Websites eine gute Möglichkeit, sich weiter zu informieren. Grundsätzlich ist zu beachten, dass allein die Zugehörigkeit eines Reiki-Meisters zu einer der hier geschilderten Formen und Vereinigungen noch kein „Gütesiegel“ darstellt. Wie in anderen Lebenszusammenhängen, sollte auch bei der Auswahl eines Reiki-Meisters der gesunde Menschenverstand die entscheidende Rolle spielen.

# 5. Reiki-Seminare

Ein Vorteil des Usui-Systems des Reiki ist, dass es sich schnell erlernen lässt, d. h. unter relativ geringem Zeit- und Kostenaufwand, verglichen mit anderen Systemen der Heilarbeit. Alle praxisrelevanten Inhalte des Systems werden in nur zwei mehrtägigen Seminaren vermittelt, dem 1. Grad-Seminar und dem 2. Grad-Seminar. Zwischen den beiden Seminaren sollte ein Zeitraum von mindestens sechs Monaten, besser von ein bis zwei Jahren liegen – dies, um die grundlegende Praxis des ersten Grades ausreichend integriert zu haben, bevor mit dem zweiten Grad neues Wissen und neue Techniken hinzukommen.

Im Gegensatz zum *praxisrelevanten* Wissen des ersten und zweiten Grades wird bei der Ausbildung zum Reiki-Meister vor allem *ausbildungsrelevantes* Wissen vermittelt*; dafür ist der Zeitrahmen längerfristig ausgerichtet. Die Meisterausbildung sollte frühestens zwei bis drei Jahre nach dem 1. Grad-Seminar bzw. ein bis zwei Jahre nach dem 2. Grad-Seminar beginnen und kann bis zu mehreren Jahren dauern.

Auch wenn die Meisterausbildung die Teilnahme an Seminaren umfassen mag bzw. am Ende der Ausbildungszeit vielleicht ein abschließendes Seminar stattfindet, so besteht die Ausbildung doch im Wesentlichen nicht aus einer Reihe von Seminaren, sondern vor allem in weniger formal ausgerichteten, persönlichen Begegnungen zwischen dem ausbildenden Meister und dem auszubildenden Schüler. Eine enge, auch persönliche Verbindung zwischen Meister und Schüler für die Dauer der Ausbildungs-

---

* Eine Betrachtung der unterschiedlichen Konzepte der traditionellen Meisterausbilung und der in der „freien Reiki-Szene“ weit verbreiteten Unterteilung der Meisterausbildung in Meister- und Lehrergrad findet sich in Kapitel 9.

zeit ist ein Merkmal der traditionellen Form der Meisterausbildung. Deren letztendliches Ziel ist es, den Schüler in die Lage zu versetzen, selbst andere Personen im Usui-System des Reiki auszubilden. Dem Erreichen dieses Ziels geht in der Regel ein tiefgehender, persönlicher Prozess seitens des Schülers voraus.

## Die Auswahl eines Reiki-Meisters

Wer das Usui-System des Reiki erlernen möchte, findet entsprechende Seminarangebote z. B. über das Internet oder in der örtlichen Tageszeitung bzw. in einem Stadtmagazin. Bei der Auswahl des Meisters empfiehlt es sich, darauf zu achten, dass er oder sie über eine gute Ausbildung und ausreichend Erfahrung verfügt. Da das Seminar schnell vorüber ist und danach weitere Fragen bezüglich Reiki auftauchen können, sollte bereits im Vorfeld klar sein, ob nach dem Seminar weitere Möglichkeiten des Kontaktes zum Meister bestehen, z. B. in Form von monatlich stattfindenden Reiki-Austausch-Treffen, bzw. ob der Meister grundsätzlich dazu bereit ist, auch nach dem Seminar zur Klärung eventueller Fragen zur Verfügung zu stehen, ohne dass dadurch weitere Kosten für den Praktizierenden entstehen.

Von Vorteil ist es, wenn die Möglichkeit besteht, den Meister oder die Meisterin zunächst auf einem Reiki-Infoabend oder im Rahmen eines persönlichen Gesprächs kennenzulernen. Dabei lässt sich herausfinden, ob einem die persönliche Art des Meisters bzw. sein Lehrstil auch zusagt. Für den Entscheidungsprozess sollte berücksichtigt werden, dass die Teilnahme an einem Reiki-Seminar etwas grundsätzlich Anderes ist als z. B. der Besuch eines Gymnastik- oder Malerei-Kurses. Während eines Reiki-Seminars nimmt der Meister energetische Einweihungen an den Teilnehmern vor. Aufgrund der Tragweite der damit verbundenen, energetischen Einwirkung auf den menschlichen Organismus ist es wichtig, dass die Einweihungen und das dazugehörige Wissen von Meistern übermittelt werden, die ein hohes Maß an Integrität und Erfahrung besitzen.

Eine traditionell ausgerichtete Ausbildung sollte in Form und Inhalt im Wesentlichen dem entsprechen, was in den folgenden vier Kapiteln dazu ausgeführt ist. Neben Informationen zur Ausbildung und zur praktischen Erfahrung des Meisters können auch die Inhalte der Seminare im Vorfeld erfragt werden. Je nach Reiki-Stil bzw. persönlicher Auffassung des Meisters differieren die Inhalte stark untereinander. Aus der Vielfalt des Angebots gilt es, das Richtige für sich herauszufinden. Dabei sollten gesunder Menschenverstand und persönliche Intuition Hand in Hand gehen.

## Mündliche Überlieferung

Das Usui-System des Reiki versteht sich als eine mündliche Überlieferung, es kann also nicht durch das Lesen von Büchern bzw. autodidaktisch erlernt werden, sondern ausschließlich in direktem Kontakt zu einem Reiki-Meister. Den üblichen Rahmen für einen solchen Kontakt bildet die Form eines Seminars. Die Teilnehmerzahl variiert, je nach Nachfrage bzw. Obergrenze, die der Meister setzt. Von Hawayo Takata, derjenigen Großmeisterin, die das Usui-System des Reiki in den Westen brachte, ist bekannt, dass sie eine Teilnehmerzahl von 10–15 Personen als günstig empfand. Bei einer kleineren Teilnehmerzahl von 4–6 Personen können persönliche Belange der Kursteilnehmer mehr Berücksichtigung finden.

Der häufig anzutreffenden Auffassung, dass eine Einzeleinweihung das Nonplusultra sei, muss deutlich widersprochen werden. Selbstverständlich spricht nichts dagegen, ein Reiki-Seminar im Einzelunterricht zu geben, jedoch bringt dies in der Regel mehr Nachteile als Vorteile mit sich. So müssen dabei z. B. die Partnerübungen von Meister und Schüler gemeinsam praktiziert werden, wodurch der Meister selbst am praktischen Teil des Unterrichts teilnehmen muss und dabei seine begleitende Distanz als Lehrer ein Stück weit verliert. Wer das Usui-System im Einzelunterricht erlernt, versagt sich zudem die Möglichkeit, diesbezüglich eine Gruppenerfahrung zu machen, also die Vielfalt und Dynamik zu erleben, die ein 1. Grad-Seminar mit mehreren Teilnehmern üblicherweise mit sich bringt, mit all den beglückenden Erfahrungen seitens der Kursteilnehmer.

## Nach dem Seminar

Auch wenn die Praxis des Usui-Systems schnell erlernbar ist, so muss in der Zeit nach den Seminaren das Erlernte konsequent in den Alltag integriert werden, was eine Herausforderung darstellen kann. Aber nur so ist es möglich, dass der Praktizierende das im Seminar Erfahrene und Erlernte auch mit eigener Erfahrung füllt, wodurch allein er in den vollen Nutzen der positiven Auswirkungen des Systems kommt. Die regelmäßige Praxis des Usui-Systems besteht aus einer Selbstbehandlung pro Tag, für die Dauer von ca. 30 – 40 Minuten, und darüber hinaus, je nach Wunsch des Praktizierenden, aus weiteren Formen der Behandlung, z. B. mit Techniken des zweiten Grades bzw. aus der Behandlung anderer Personen.

Eine häufig anzutreffende Meinung ist, dass während der drei Wochen nach dem 1. Grad-Seminar ein besonderer Reinigungsprozess im Körper des Praktizierenden stattfindet. Diese Auffassung ist sicherlich nicht falsch; jedoch lässt sich die Reinigungsphase, die mit den Einweihungen in den ersten Grad einsetzt, im Prinzip nicht auf die drei Wochen nach dem Seminar beschränken. Vielmehr ist es so, dass mit der regelmäßigen Anwendung des Systems in Form der täglichen Selbstbehandlung eine stetige Reinigung auf körperlicher und geistiger Ebene einher geht, die mal mehr, mal weniger im Vordergrund steht und die, solange der Eingeweihte ernsthaft und regelmäßig praktiziert, sich ständig fortsetzt.

Sollten nach dem Seminar Fragen auftauchen, die der Praktizierende für sich alleine nicht klären kann, dann sollte er diese an den ausbildenden Meister richten können. Für den eher seltenen Fall, dass der Meister für die Klärung von Fragen nicht zur Verfügung steht oder im Nachhinein berechtigte Zweifel an der Integrität des ausbildenden Meisters bestehen, mag eine Neuorientierung unumgänglich sein.

Bei einer Neuorientierung, ob nun aus Zweifel an der Integrität eines Meisters oder aus anderen, persönlichen Gründen, sollte der Praktizierende nach Möglichkeit innerhalb des Systems bzw. der Lehrweise verbleiben, in der er das System bis zu diesem Zeitpunkt erlernt hat bzw. allenfalls zu Meistern eng verwandter Systeme oder Lehrweisen wechseln. Dies ist vor allem wegen der meist großen Unterschiede in den Seminarinhalten und Ausbildungsstrukturen ratsam.

Wer beispielsweise nach dem 1. Grad-Seminar das Seminar zum zweiten Grad bei einem anderen Meister machen möchte, kann nicht davon ausgehen, dass, wo immer er den ersten Grad absolviert hat, dies eine ausreichende Grundlage für das Seminar zum zweiten Grad bei einem beliebigen anderen Meister darstellt. Zugleich sollte bedacht werden, dass der Meister, bei dem das 1. Grad-Seminar absolviert wurde, sich in der Folge nicht zuständig fühlen mag für Fragen, die sich für den Anwender aus dem 2. Grad-Seminar bei einem anderen Meister ergeben mögen.

Selbstverständlich besteht bei einem Wechsel des Meisters auch die Möglichkeit eines Neubeginns, d. h. der Wiederholung bereits erlangter Grade, ggf. in einem verkürzten Zeitrahmen bzw. zu individuell festgelegten Bedingungen.

# 6. Der erste Grad

In dem Seminar zum ersten Grad wird die grundlegende Praxis des Systems vermittelt: die Selbstbehandlung mit Reiki ebenso wie die Behandlung anderer Personen mit Reiki (beides wird im folgenden Kapitel ausführlich dargestellt) sowie auch die Behandlung von Tieren und Pflanzen. Ein Seminar zum ersten Grad findet meist an einem Wochenende statt, manchmal auch an vier aufeinanderfolgenden Tagen. Dabei lernen die Teilnehmer auch die fünf Reiki-Lebensregeln kennen.

## Die Reiki-Lebensregeln

Gerade heute, sei nicht ärgerlich.

Gerade heute, sorge dich nicht.

Ehre deine Eltern, Lehrer und die Älteren.

Verdiene dein Brot ehrlich.

Empfinde Dankbarkeit für alles Lebendige.

Mit den Lebensregeln, hier in einer Version nach Hawayo Takata, verfügt das Usui-System des Reiki über ein eigenes kleines System von Verhaltensregeln, die auf die spirituelle Entwicklung des Praktizierenden abzielen. Diese Regeln oder Prinzipien, wie man sie auch nennen kann, haben das Ziel, den ernsthaft Praktizierenden an die darin vorkommenden Themen heranzuführen und verlässliche Anhaltspunkte für den Umgang mit diesen Themen zu bieten.

Eine weitere, ursprünglich-japanisch geprägte Version der Reiki-Lebensregeln lautet:

Heute,

Ärgere dich nicht.

Sorge dich nicht.

Sei dankbar.

Arbeite hart.

Sei freundlich zu den Menschen.

Die Lebensregeln waren von Anfang an ein wichtiges Element in der Lehre von Mikao Usui. In der Inschrift des für ihn errichteten Gedenksteins heißt es, er habe seinen Schülern ans Herz gelegt, die Lebensregeln morgens und abends zu rezitieren und im Alltag in die Tat umzusetzen. Wie es heißt, sprach Usui von den Lebensregeln als der „verborgenen Methode, das Glück zu erlangen".

## Wichtige Seminarinhalte

Ein weiteres Thema im Seminar zum ersten Grad ist die Frage, wie man am besten mit der neu erlangten Fähigkeit, Reiki-Behandlungen geben zu können, umgeht, z. B. im Familienkreis oder im Freundeskreis. Soll man auf die Menschen zugehen oder empfiehlt sich eine eher abwartende Haltung? Dabei handelt es sich um Fragen, die jeder nur für sich beantworten kann, wobei der Meister den Seminarteilnehmern Unterstützung geben kann. Ein weiteres Thema, über das zumindest kurz gesprochen werden sollte, sind die nach Reiki-Behandlungen manchmal auftretenden Heilreaktionen. Als Heilreaktion bezeichnet man es, wenn nach einer Behandlung mit einer natürlichen Heilweise ein gesundheitliches Problem für kurze Zeit scheinbar noch schlimmer wird, bevor es gänzlich oder zumindest teilweise überwunden ist. Praktizierende des Usui-Systems des Reiki sollten über das Wesen solcher Heilreaktionen Bescheid wissen, insbesondere wenn sie anfangen, andere Menschen mit Reiki zu behandeln, um diese in ihrem Heilungsprozess angemessen begleiten zu können.

Theoretische Inhalte des Seminars zum ersten Grad sind vor allem die Geschichte des Usui-Systems des Reiki (siehe Kap. 3), Erläuterungen zum Wesen der universellen Lebensenergie Reiki (siehe Kap. 1) sowie rechtliche Aspekte, z. B. des gewerblichen Anbietens von Reiki-Behandlungen in Deutschland. So ist es – in Folge eines entsprechenden Entscheids des Bundesverfassungsgerichts – seit März 2004 in Deutschland erlaubt, ohne Heilpraktikererlaubnis per Handauflegen zu heilen, solange dabei keine Diagnosen gestellt werden, keine Medikamente verschrieben werden und der Klient darüber informiert wird, dass diese Form der Heilbehandlung den Besuch bei einem Arzt oder Heilpraktiker nicht ersetzt.*

## Die Einweihungen

Der entscheidende Teil des Seminars zum ersten Grad besteht aus den vier Einweihungen, die über die Dauer des Seminars verteilt durchgeführt werden. Als Einweihung bezeichnet man ein spirituelles Ritual, bei dessen Durchführung praktische spirituelle Fähigkeiten übertragen werden.** Im Rahmen der Einweihungen innerhalb des Usui-Systems des Reiki handelt es sich dabei vor allem um die Fähigkeit, die universelle Lebensenergie Reiki mit

---

* Weitere Informationen hierzu in dem Buch „Reiki und Schulmedizin" von Oliver Klatt und Norbert Lindner (bei Windpferd erschienen).

** Einweihungen werden in verschiedenen spirituellen Traditionen durchgeführt, so z. B. auch im Kriya Yoga und im Sufismus.

den Händen übermitteln zu können. Die Einweihungsrituale werden von dem Reiki-Meister in der Weise vorgenommen, wie er sie von seinem Meister/Lehrer gelernt hat.

Nach Abschluss des 1. Grad-Seminars sind die Kursteilnehmer in der Lage, Reiki in ihrem Leben anzuwenden – Handauflegen genügt, und die universelle Lebensenergie fließt.

# 7. Die Behandlung mit Reiki

Die Behandlung mit Reiki unterstützt Heilungsprozesse und fördert spirituelles Wachstum. Innerhalb der verschiedenen Reiki-Systeme und -Lehren gibt es unterschiedliche Behandlungsformen, die sich in einigen Aspekten voneinander unterscheiden. Alle Behandlungsformen eint jedoch, dass dabei die Übertragung der universellen Lebensenergie per Handauflegen geschieht. In der traditionellen Form des Usui-Systems des Reiki, Usui Shiki Ryoho, gibt es weitgehend festgelegte Sequenzen von Handpositionen für die Selbstbehandlung sowie für die Behandlung anderer Personen; diese werden im Folgenden vorgestellt.

Wer die Einweihungen in den ersten Grad des Usui-Systems erhalten hat, kann die Behandlungen entsprechend durchführen. Dabei sollte jede Position etwa fünf Minuten gehalten werden. Benötigt eine Stelle darüber hinaus mehr Energie, kann dort auch länger verweilt werden. Wenn die Hände während der Behandlung intuitiv an eine Stelle „wandern", die nicht Teil der Sequenz ist, dann sollte diesem Impuls nachgegeben werden; dort kann so lange wie nötig verweilt werden. Hinterher sollte zum weiteren Ablauf der Sequenz zurückgekehrt werden.

Auf den folgenden Seiten sind die grundlegenden Handpositionen zur Selbstbehandlung sowie zur Behandlung anderer Personen mit Reiki überblicksartig abgebildet.

## Die Selbstbehandlung

Die Selbstbehandlung ist in zwei Sequenzen je vier Handpositionen eingeteilt. Jede der acht Handpositionen wird rd. fünf Minuten gehalten. Die Positionen werden der Reihe nach durchgegangen, wie auf den folgenden Seiten dargestellt. Alternativ ist es auch möglich, zunächst die vier Positionen an der Vorderseite des Körpers durchzuführen, und danach die vier Positionen am Kopf. Dabei muss die Reihenfolge der Positionen 1 bis 4 innerhalb einer jeden Sequenz jedoch beibehalten werden.

Kopf – Standardposition 1

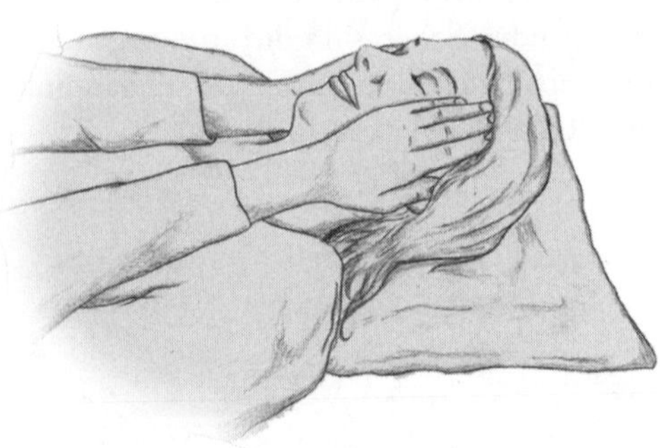

Kopf – Standardposition 2

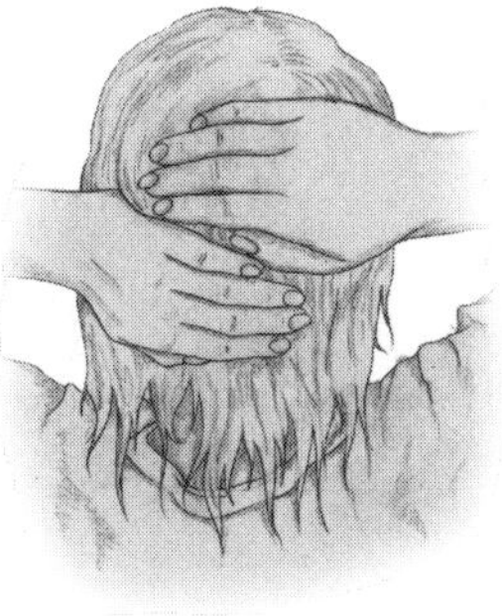

Kopf – Standardposition 3

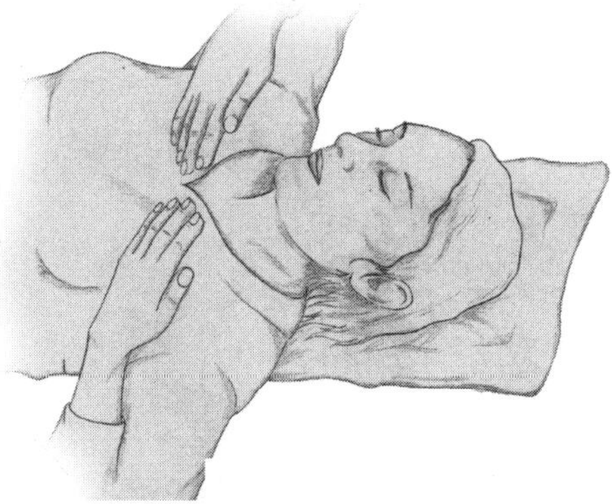

Kopf – Standardposition 4

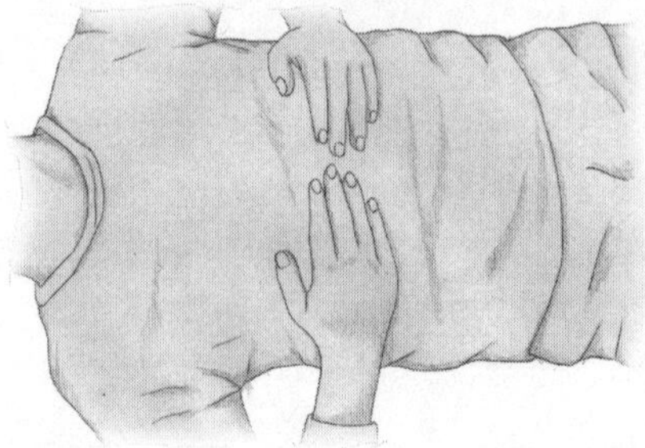

Vorderseite des Körpers – Standardposition 1

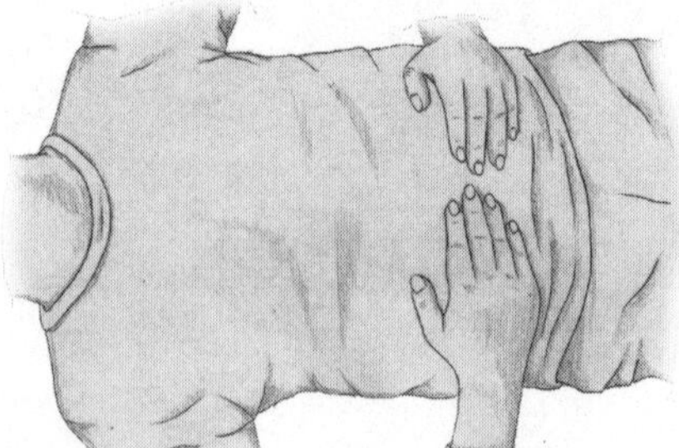

Vorderseite des Körpers – Standardposition 2

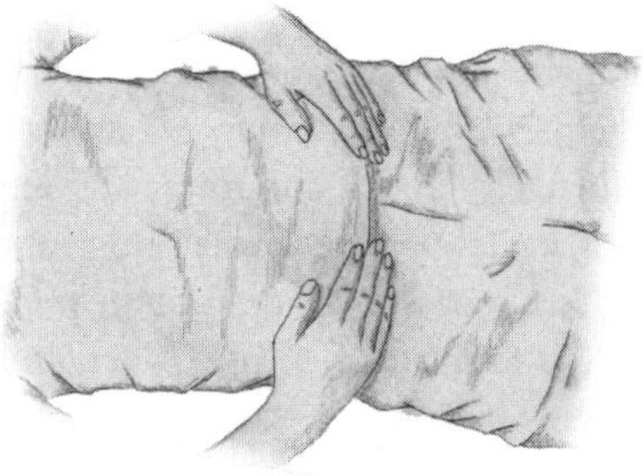

Vorderseite des Körpers – Standardposition 3

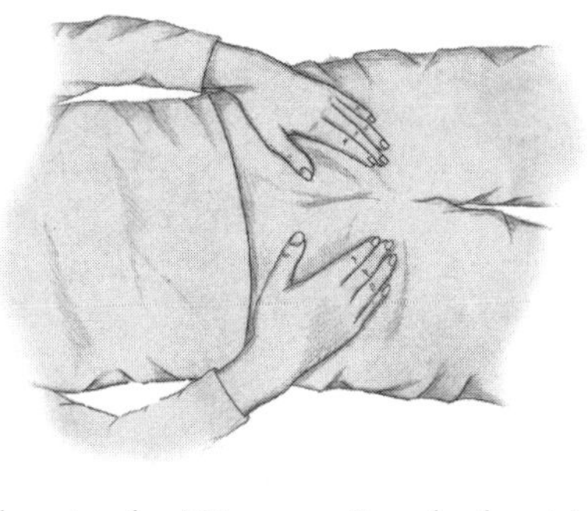

Vorderseite des Körpers – Standardposition 4

## Die Behandlung anderer Personen

Die Behandlung einer anderen Person besteht aus drei aufeinanderfolgenden Sequenzen. Neben den ersten beiden Sequenzen, die im Wesentlichen identisch sind mit jenen der Selbstbehandlung, gibt es eine weitere Sequenz, die fünf Handpositionen an der Rückseite des Körpers umfasst. So ergeben sich insgesamt 13 Positionen, die je rd. fünf Minuten gehalten werden. Die Positionen werden der Reihe nach durchgegangen. Für den Fall, dass die Hände intuitiv an eine Stelle „wandern", die nicht Teil einer Sequenz ist, kann diesem Impuls nachgegeben werden. Ist die entsprechende Stelle ausreichend mit Energie versorgt, sollte zum weiteren Ablauf der Sequenz zurückgekehrt werden.

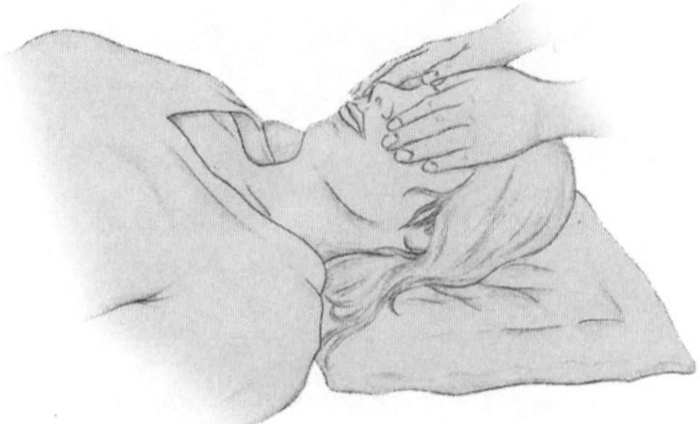

Kopf – Standardposition 1

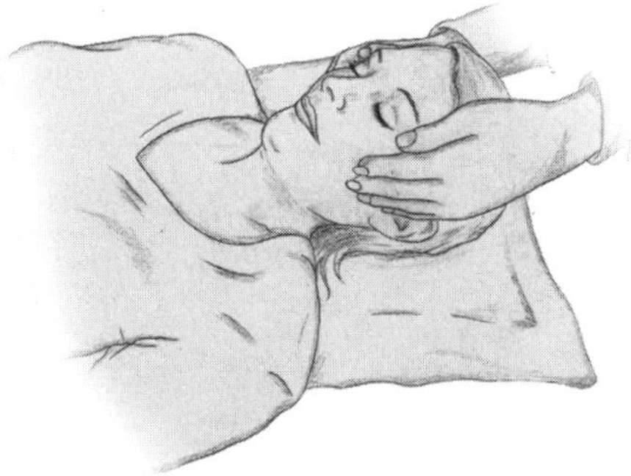

Kopf – Standardposition 2

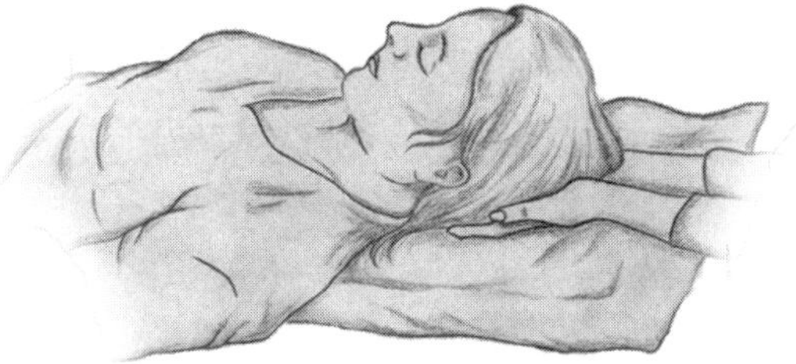

Kopf – Standardposition 3

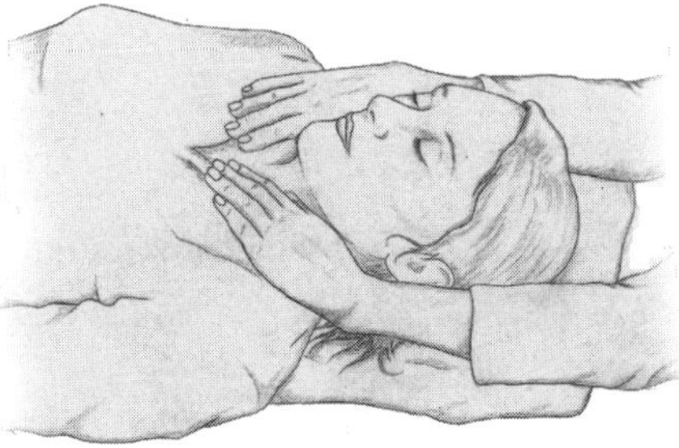

Kopf – Standardposition 4

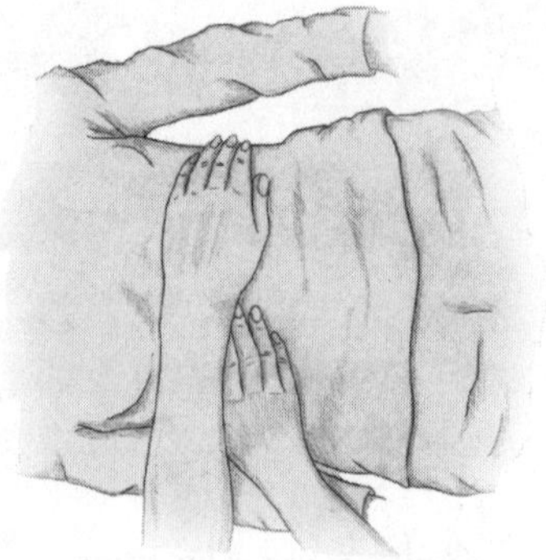

Vorderseite des Körpers – Standardposition 1

Vorderseite des Körpers – Standardposition 2

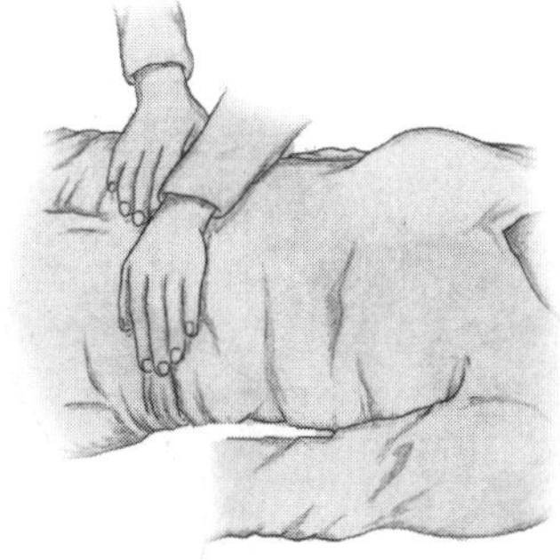

Vorderseite des Körpers – Standardposition 3

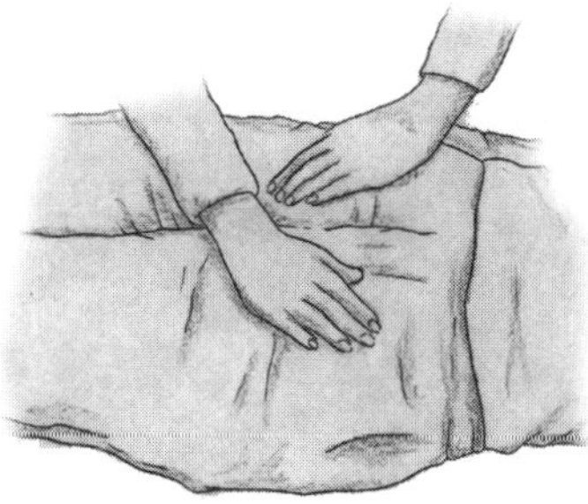

Vorderseite des Körpers – Standardposition 4

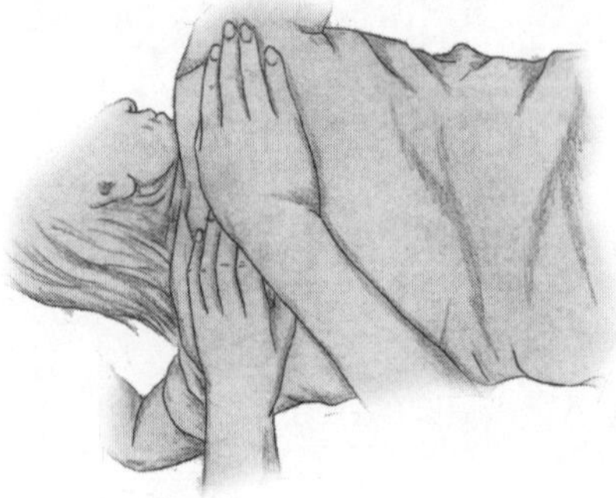

Rückseite des Körpers – Standardposition 1

Rückseite des Körpers – Standardposition 2

Rückseite des Körpers – Standardposition 3

Rückseite des Körpers – Standardposition 4

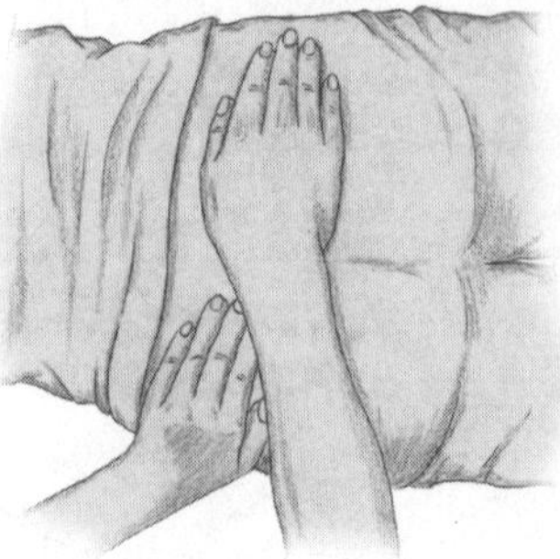

Rückseite des Körpers – Standardposition 5

Falls der Reiki-Empfänger größer gewachsen ist oder am Rücken gleichzeitig zwei Behandler arbeiten, kann auch noch eine zusätzliche Position hinzukommen. Diese deckt dann entweder den unteren Bereich des Gesäßes ab oder die vorhergehenden Rückenpositionen liegen etwas näher beieinander.

## Verschiedene Behandlungsformen

In der traditionellen Form des Usui-Systems kommt der Einhaltung der Behandlungssequenzen, wie auf diesen Seiten dargestellt, große Bedeutung zu. Ein Grundgedanke dabei ist, dass die feste Abfolge der Positionen dem Behandler nach einiger Zeit sozusagen „in Fleisch und Blut" übergeht, so dass er bei der Behandlung selbst nicht überlegen muss, welche Positionen er im Einzelnen einnimmt. Dies ermöglicht es ihm, für die Dauer der Behandlung in einem anderen Geisteszustand zu verweilen, fernab von gedanklichen Überlegungen, was ihn zu einem guten „Kanal" für die universelle Lebensenergie Reiki macht. Die standardmäßige Behandlungsform sorgt für die Grundversorgung aller wichtigen Körperstellen.* Darüber hinaus kann intuitiven Impulsen, auch andere Körperstellen zu behandeln, jederzeit nachgegangen werden, wobei unmittelbar danach wieder zur standardmäßigen Abfolge der Handpositionen zurückgekehrt werden sollte.

Dem gegenüber basiert die Behandlungspraxis in anderen Reiki-Systemen überwiegend auf anderen Grundüberlegungen. So wird z. B. in den ursprünglich gehaltenen, japanischen Formen des Systems (vgl. S. 38) besonderes Augenmerk auf die Behandlung mit der Byosen-Methode gelegt. Dabei geht es darum, auf intuitive Weise die Quelle der jeweiligen Krankheitsschwingung im Körper ausfindig zu machen und dort die Hände so lange aufzulegen, bis die Schwingung sich ändert oder auflöst. In einigen Reiki-Systemen jüngeren Datums wie z. B. dem Osho Neo-Reiki wiederum steht die direkte Behandlung der Chakren, der Energiezentren des feinstofflichen Körpers, im Mittelpunkt der Behandlungspraxis.

Eine Form der Behandlung mit Reiki, die von allen Praktizierenden, egal welchen Systems oder Lehrstils, gleichermaßen praktiziert wird, ist die Gruppenbehandlung. Dabei geben mehrere Praktizierende gleichzeitig einer einzelnen Person Reiki. Üblicherweise bilden drei bis acht Praktizierende eine solche Be-

---

* Dabei werden Kopf und Rumpf umfassend behandelt, die Extremitäten – Beine und Arme – werden über die entsprechenden Hauptchakren (z. B. die Beine über das Wurzelchakra) ausreichend mit Energie versorgt. Die Chakren wiederum erhalten ausreichend Energie über die Standardabfolge der Handpositionen (z. B. das Wurzelchakra über die Position 4 der jeweils zweiten Sequenz, sowie, bei der Behandlung einer anderen Personen, über die Positionen 5 und 6 der dritten Sequenz). Darüber hinaus können Arme und Beine – sowie alle anderen Körperstellen, die nicht durch die Standardabfolge abgedeckt sind – selbstverständlich auch direkt behandelt werden, wenn dies aufgrund gesundheitlicher Probleme an diesen Stellen angeraten erscheint.

handlungsgruppe. Jeder Teilnehmer erhält eine bestimmte Zeit lang, z. B. zehn Minuten, von allen anderen zugleich Reiki. Solche Gruppenbehandlungen finden häufig im Rahmen regelmäßig stattfindender Reiki-Austauschtreffen statt.

# 8. Der zweite Grad

Wer nach dem 1. Grad-Seminar über einen längeren Zeitraum hinweg kontinuierlich Reiki angewendet und damit in sein Leben integriert hat, kann durch Erlernen des zweiten Grades seine Fähigkeiten, mit Reiki zu arbeiten, erweitern. Das Seminar zum zweiten Grad umfasst das Erlernen von drei Symbolen. Die Symbole dienen der Verstärkung des Reiki-Flusses sowie der Durchführung von Mentalheilungen und Fernheilungen. Die entsprechenden Techniken können zur Selbstbehandlung sowie auch zur Behandlung anderer Personen angewandt werden, ebenso zur Behandlung von Tieren und Pflanzen.

Das Seminar zum zweiten Grad umfasst traditionell eine Einweihung. Diese Einweihung dient der Verbindung des Praktizierenden mit den drei Symbolen, die danach jederzeit von ihm aktiviert werden können. Darüber hinaus geht es in einem 2. Grad-Seminar im Wesentlichen darum, mit den Symbolen vertraut zu werden. Es werden Erläuterungen zur tieferen Bedeutung der Symbole gegeben sowie zu deren praktischer Anwendung; die entsprechenden Techniken werden in ihren Abläufen eingeübt.

## Was ist ein Symbol?

Ein Symbol ist ein Zeichen. So wie jedes Zeichen hat es eine bezeichnende Funktion, d. h. es weist auf etwas hin. Doch darüber hinaus deutet ein Symbol, anders als ein einfaches Zeichen, immer auch einen tieferen Sinn an. Dies macht es zu einer besonderen Art von Zeichen. Hierzu ein Beispiel:

Ein einfaches Zeichen (z. B. ein Pfeil, der in einem Gebäude den Weg zum Ausgang weist) bezeichnet lediglich etwas (nämlich den Weg zum Ausgang), ohne dass der tiefere Sinn dessen, was bezeichnet wird, im Zeichen selbst gegenwärtig ist (die Form des

Pfeils lässt keinen tieferen Sinn des Weges zum Ausgang erkennen) bzw. auch ohne dass überhaupt ein tieferer Sinn bestehen muss (es besteht kein tieferer Sinn des Weges zum Ausgang, es ist einfach nur ein Weg aus dem Gebäude hinaus).

Dagegen ist ein Symbol eine andere Art von Zeichen: Es ist, über seine bezeichnende Funktion hinaus, ein Sinnbild für etwas, das in ihm verborgen liegt. Ein Symbol hat immer direkt mit dem Bezeichneten selbst zu tun. Das, was das Symbol bezeichnet, ist gewissermaßen im Zeichen selbst gegenwärtig. Worum es dabei genau geht, bleibt jedoch ein Stück weit unbenennbar, uneinsehbar, ungreifbar. Das Symbol macht mit dem, was in ihm verborgen liegt, lediglich vertraut. Dabei legt es nicht alles offen. Es weist auf das Geheimnis hin, ohne es zu verraten.

Im hier beschriebenen Sinne verstehen sich die Symbole des zweiten Grades als Symbole, als Sinnbilder für etwas Tiefergehendes, das in ihnen verborgen liegt. Vor diesem Hintergrund und als Bestandteil eines auf Heilung und spirituelle Entwicklung ausgerichteten Systems, können die Symbole des zweiten Grades gleichsam als Schlüssel gesehen werden – als Schlüssel, mit denen sich die Türen zu den entsprechenden, dahinter liegenden Energien öffnen lassen, mit dem Ziel, diese, im Einklang mit dem Großen Ganzen, für heilerische und spirituelle Zwecke zu nutzen.

## Geheimhaltung der Symbole?!

Vor diesem Hintergrund ist der Umstand zu sehen, dass die Symbole nach traditioneller Auffassung geheim gehalten werden sollten. Dabei geht es nicht, wie manche annehmen, um ein elitäres Gebaren einiger Eingeweihter, sondern um den verantwortungsbewussten Umgang mit einem Wissen, das sich ausschließlich an fortgeschrittene Praktizierende des Usui-Systems richtet und in anderen Zusammenhängen als dem eines 2. Grad-Seminars schlicht fehl am Platze ist.

Ein Zusammenhang mag diesbezüglich weiteren Aufschluss geben: Im Englischen klingen die Worte „sacred" (dtsch.: heilig) und „secret" (dtsch.: geheim) fast identisch. Auch im Deutschen besteht durch die Silbe „hei" eine deutliche Verbindung zwischen den Worten „heilig" und „geheim". Dies weist auf den Umstand hin, dass etymologisch* betrachtet eine Verbindung zwischen diesen beiden Worten besteht und damit auch zwischen den beiden Umständen, die diese Worte bezeichnen.

Nach traditioneller Auffassung sowohl eher westlich geprägter Reiki-Systeme wie dem Usui Shiki Ryoho (S. 33) als auch japanisch geprägter Systeme wie dem Jikiden Reiki (S. 39) sind die Symbole des zweiten Grades grundsätzlich gegenüber allen Personen, die nicht in den zweiten Grad eingeweiht sind, geheim zu halten; dies vor dem Hintergrund, dass es sich dabei, im Gegensatz zu profanem Wissen, um ein besonderes Wissen handelt, dass seinem Wesen nach als heilig bzw. als spirituell besonders wirkungsvoll bezeichnet werden kann, weshalb diesem Wissen gegenüber eine ehrerbietige Haltung angebracht ist. Die Akzeptanz dieses Umstands mag für den westlichen, durch die wissenschaftliche Denkweise geprägten Geist möglicherweise schwierig sein, sie ist jedoch ein wichtiger Schritt in Richtung Heilung in spiritueller Hinsicht.

## Die Mentalheilung

Eine der beiden zentralen Techniken, die im Rahmen eines 2. Grad-Seminars vermittelt werden, ist die der Mentalheilung. Diese Technik ermöglicht das Einwirken auf tiefer liegende Schichten des Bewusstseins in Form von Zuführung allgemein oder spezifisch ausgerichteter, universeller Lebensenergie. So

---

* Etymologie = Wissenschaft von der Herkunft, Geschichte und Grundbedeutung der Wörter.

können z. B. Gewohnheiten, die dem Glück, der Gesundheit und der Zufriedenheit des Einzelnen hinderlich sind, mit dieser Technik geheilt werden. Zudem fördert die regelmäßige Anwendung der Technik das intuitive Bewusstsein sowie ganz allgemein die Erweiterung des Bewusstseins.

## Die Fernheilung

Die zweite zentrale Technik, die im Rahmen eines 2. Grad-Seminars vermittelt wird, ist die der Fernheilung. Im Englischen wird diese Technik üblicherweise „Distant Healing" (dtsch.: Fernheilung) genannt, manchmal aber auch „Absent Healing"; das bedeutet in etwa „Heilung einer abwesenden Person". Hier stoßen wir an die Grenzen des rationalen Verstandes: Soll es tatsächlich möglich sein, universelle Lebensenergie über die Ferne bzw. einer abwesenden Person zu senden?

Das Usui-System des Reiki bzw. Meister und Praktizierende des zweiten Grades dieses Systems sagen: Ja. Diese Aussage treffen sie vor dem Hintergrund persönlicher, teils jahrzehntelanger Erfahrungen mit der hundertfach erlebten Wirksamkeit der entsprechenden Technik bzw. des dazugehörigen Symbols.* Interessanterweise haben mittlerweile auch zahlreiche wissenschaftliche Studien die Wirksamkeit von Fernheilungen bestätigt.**

Bei einer Fernheilung tritt der Praktizierende in geistigen Kontakt mit der Person, die er behandelt. Dies geschieht auf Grundlage eines seitens heilerisch tätiger Menschen immer wieder erfahrenen Prinzips: Wer an eine Person denkt, der steht

---

* Darüber hinaus ist die Technik der Fernheilung auch in anderen Heilsystemen wie z. B. der Pranaheilung sowie als Bestandteil nahezu aller Formen des geistigen Heilens bekannt.

** vgl. hierzu: Reiki und Schulmedizin, Oliver Klatt u. Norbert Lindner, Aitrang 2006, Kapitel 7, S. 108ff

unmittelbar mit ihr in geistigem Kontakt. Stellt er sich die Person klar vor dem inneren Auge vor, dann ist es so, als stehe sie direkt vor ihm. Um eine Fernheilung zu geben, baut nun ein heilerisch tätiger Mensch eine mentale Nähe zu dieser Person auf, d. h. er schafft eine Gedankenatmosphäre, die eine eindrückliche Verbindung zu dieser Person herstellt. Im Usui-System des Reiki geschieht dies mit Hilfe des entsprechenden Symbols. Die so hergestellte Verbindung gilt es, für die Dauer der Heilbehandlung aufrecht zu erhalten.

Derartig erzeugte Gedankenkraft hat keine Beziehung zur geographischen Lage, sie spielt sich ausschließlich im Bewusstsein ab. Deshalb ist es für die Wirksamkeit einer Fernheilung unerheblich, wie groß die räumliche Distanz zwischen dem Praktizierenden und der behandelten Person ist. Es ist also egal, ob die behandelte Person im Raum nebenan liegt, sich in einer anderen Stadt befindet oder gar auf einem anderen Kontinent ist.

Neben der Raum auflösenden Komponente besitzt die Technik der Fernheilung zudem, auch wenn es für den rationalen Verstand unglaublich klingen mag, eine Zeit auflösende Komponente. So ist es möglich, mittels entsprechender Techniken, Reiki gewissermaßen in die Vergangenheit und in die Zukunft zu senden. Die Anwendung dieser Techniken und die sich aus diesem Zusammenhang ergebenden Heilmöglichkeiten werden im Rahmen des 2. Grad-Seminars ausführlich besprochen und praktisch eingeübt.

## Drei Symbole

Die traditionelle Form des Usui-Systems umfasst drei Symbole, die im Rahmen des 2. Grad-Seminars gelehrt werden. Darüber hinaus tauchen, vor allem in der freien Meisterszene, immer wieder andere Symbole auf, die mit weiteren, meist spezifischeren Formen der Anwendung von Reiki in Zusammenhang gebracht werden. Dabei ist die Herkunft dieser Symbole nicht selten ein großes Rätsel.

Wer in der Anwendung von Reiki mit anderen als den traditionell überlieferten, von Mikao Usui geschaffenen Symbolen arbeiten möchte, dem steht es frei, dies zu tun. Dabei stellt sich jedoch die Frage, inwieweit die entsprechenden Anwendungen dann noch etwas mit dem Usui-System des Reiki zu tun haben bzw. ob sie überhaupt irgendetwas mit der universellen Lebensenergie Reiki zu tun haben. Nicht jede heilerisch angewandte Energie verfügt allein dadurch, dass sie zu heilerischen Zwecken angewandt wird, auch über die besondere, universell-spirituelle Komponente des Reiki (vgl. S. 10).

In einem Interview äußerte sich Mary McFadyen, eine jahrzehntelang erfahrene Reiki-Meisterin, zu der Frage der Symbole folgendermaßen: „Wir haben drei Symbole im zweiten Grad: Das erste verbindet uns mit der Kraft des Universums. Das zweite Symbol verbindet uns mit dem göttlichen Geist. Und das dritte Symbol transzendiert Zeit und Raum. Was gibt es sonst noch Wichtiges? Warum benötigen wir mehr Symbole?"*

---

* aus: Heilung und Spiritualität – ein Interview mit Mary McFadyen, Oliver Klatt, in: Reiki Magazin, Ausgabe 1/07, S. 22

# 9. Die Meisterebene

Das Usui-System des Reiki kennt, in seiner traditionellen Form, zwei Grade: den ersten Grad und den zweiten Grad. Das, was allgemeinhin als Meistergrad und/oder Lehrergrad bekannt ist, entspricht in der traditionellen Sichtweise dem Abschluss der Meisterausbildung, d. h. dem Eintritt in die Meisterebene. Dies ist der Moment, wo der Schüler, nach einer mehrjährigen Zeit als Meisterkandidat, vom Meister das Wissen um die Einweihungen in den ersten und zweiten Grad erhält, inklusive der Erlaubnis, diese Grade zu lehren, sowie die dieser Stufe entsprechende Einweihung.

Von diesem Punkt an ist der Schüler in seiner Verbindung zu Reiki auf der Meisterebene angekommen. Er kann Seminare zum ersten und zweiten Grad im Usui-System des Reiki geben, erhält jedoch, nach traditioneller Lehrweise, noch nicht das Wissen um die Meistereinweihung, die er selber gerade erst erhalten hat; dies vor dem Hintergrund, dass von ihm erwartet wird, dass er rd. zehn Jahre wartet, bevor er wiederum andere in die Meisterebene einführt, falls er dies überhaupt als seine Aufgabe betrachtet.

Auch nachdem der Schüler die Meisterebene erreicht hat, besteht weiterhin eine Verbindung zum einweihenden Meister. Diese ist jedoch nun, im Gegensatz zu der vorangegangenen, mehrjährigen Ausbildungszeit, in der der Schüler Meisterkandidat war, nicht mehr so eng und weniger hierarchisch geprägt. Fortan besitzt er alle Freiheiten, die er sich auf Grundlage der vom einweihenden Meister empfangenen Lehre, in Fortführung seiner Einweihungslinie, zu nehmen in der Lage ist, ohne mit den grundlegenden Prinzipien dieser Lehre bzw. dieser Linie zu brechen.

## Meister- und Lehrergrad

Sowohl innerhalb der freien Meisterszene (vgl. S. 32) als auch in einigen Reiki-Systemen wie beispielsweise dem Rainbow Reiki und dem Gendai Reiki Ho (vgl. S. 38) ist eine stufenmäßige Unterteilung der Meisterebene Teil der Ausbildungsstruktur. So besteht z. B. im Rainbow Reiki die Meisterausbildung aus drei in sich abgeschlossenen, aufeinander aufbauenden Trainings von jeweils etwa zwei Jahren. Im Rahmen des ersten Trainings erhält der Absolvent alles, was er benötigt, um die beiden ersten Grade des Systems zu lehren sowie in den dritten Grad einweihen zu können. Das zweite Training erschließt, wie es heißt, „die Fähigkeit zur spirituellen Ausbildung von Reiki-Meistern und zur Vermittlung fortgeschrittener Methoden des Rainbow Reiki in Seminarform". Und schließlich beinhaltet das dritte Training „u. a. Kenntnisse über die mystische Quelle von Reiki und befähigt zu einer kreativen Nutzung der Meisterenergie".*

Dagegen ist z. B. im Gendai Reiki Ho die Meisterebene in zwei Stufen eingeteilt (wobei der zeitliche Abstand dazwischen nicht näher spezifiziert ist). Auf der ersten Stufe, dem Dritten Grad, wird das entsprechende Meistersymbol vermittelt, die Einweihung dazu gegeben, und der Praktizierende ist dazu angehalten, durch die vermehrte Praxis des Systems verstärkt spirituell an sich zu arbeiten. Auf der zweiten Stufe, dem Vierten Grad, wird die Lehrerlaubnis für das System erteilt, das Wissen um die Durchführung aller Einweihungen übermittelt sowie eine weitere Einweihung gegeben, „zur Vereinigung aller vier Symbole". Der Praktizierende ist weiterhin dazu angehalten, sich spirituell zu entwickeln – bis zu einem Punkt hin, wo die Anwendung von Techniken in den Hintergrund treten mag, weil eine Ebene

---

* Quelle: www.rainbowreiki.net, Datum: 29.1.2007

erreicht worden ist, auf der es ohne Techniken möglich ist, wie es heißt, „mit Reiki mitzuschwingen".**
Die hier beschriebene Struktur der Zwei-Stufen-Ausbildung auf der Meisterebene ist auch in anderen Reiki-Systemen zu finden. Ebenso ist diese Ausbildungsstruktur innerhalb der freien Meisterszene weit verbreitet. Dabei wird zwischen der Ausbildung in den Meistergrad und der Ausbildung in den Lehrergrad unterschieden. Der Meistergrad, auch dritter Grad oder 3a)-Grad genannt, besteht im Wesentlichen aus der Übermittlung des Meistersymbols; dazu wird die entsprechende Einweihung gegeben. In der Zeit danach kann optional die Ausbildung zum Lehrer erfolgen; dieser Grad wird auch vierter Grad oder 3b)-Grad genannt. Er umfasst die Vermittlung allen Wissens, das für die Weitergabe sämtlicher Grade des Systems an andere Personen benötigt wird.

Bei dieser Form der Lehrerausbildung wird, neben dem Wissen um die Einweihungen in die beiden ersten Grade des Systems, auch gleich das Wissen um die Einweihung in den Meistergrad mitvermittelt. Diese Art Lehrerausbildungen sind in der Regel nicht auf einen längeren Zeitraum angelegt – oft nur auf drei bis sechs Monate, häufig auch kürzer, bis dahingehend, dass die gesamte Lehrerausbildung an einem einzigen Wochenende vermittelt werden möchte. Diese beiden Umstände, d. h. die sofortige Weitergabe des Wissens um die Meistereinweihung sowie die teils extreme, ans Unsinnige grenzende Verkürzung der Ausbildungszeiten, sind im Wesentlichen die Ursache für den hohen Qualitätsverlust, den das Usui-System des Reiki in den letzten 15 Jahren in weiten Teilen der Meisterschaft erfahren hat, und, in der Folge, auch in weiten Teilen der Menge der Praktizierenden.

---

** Quelle: „Die Reiki-Systeme der Welt", Oliver Klatt, Aitrang 2005, S. 132ff

Um die Qualität ihrer Ausbildungen und damit auch das gesellschaftliche Ansehen des Usui-Systems des Reiki wieder zu verbessern, wäre es wünschenswert, wenn sich jene freien Meister, die in der beschriebenen Weise auf der Meisterebene ausbilden, zunehmend an den Erfahrungswerten orientieren, die innerhalb der verschiedenen Reiki-Systeme im Laufe der Jahrzehnte diesbezüglich gesammelt wurden. Zudem wäre grundsätzlich die Frage zu überdenken, ob es denn gewissermaßen „richtig herum" ist, zunächst die Einweihung in den Meistergrad zu geben, damit der Meister, wie es heißt, die damit in Verbindung stehende Energie für seinen persönlichen Prozess nutzen kann, und erst danach optional die Lehrerausbildung anzubieten. Denn diese Reihenfolge stellt im Grunde die traditionelle Sichtweise bezüglich der Meisterausbildung völlig auf den Kopf.

Wer seine Meisterausbildung in der traditionellen Form des Usui-Systems, Usui Shiki Ryoho, erhält, für den sind Meister- und Lehrergrad nicht voneinander getrennt, sondern ein und dasselbe. Dieser Auffassung zufolge wird erst am Ende der Ausbildungszeit die Meistereinweihung gegeben und damit zugleich auch die Befähigung, Reiki zu lehren. Die Erfahrung, genau von dem Moment an, wo einem die hohe Energie des Meistersymbols zuteil wird, auch in der Lage zu sein, diese in Form von Einweihungen an andere weitergeben zu können, ist nicht vergleichbar mit der Erfahrung, diese hohe Energie zunächst für den eigenen, persönlichen Prozess zur Verfügung gestellt zu bekommen, und erst später darüber nachzudenken, ob man sie auch in den Dienst anderer Menschen stellen möchte. Insofern steht die Grundüberlegung, auf der die Trennung der Meisterausbildung in Meister- und Lehrergrad basiert, der Grundüberlegung, aus der heraus sich die traditionelle Form der Meisterausbildung entwickelt hat, geradezu diametral gegenüber und stellt ein vollkommen anderes Konzept der Meisterausbildung dar.

## Die traditionelle Meisterausbildung

Die Meisterausbildung im traditionellen Reiki-System, dem Usui Shiki Ryoho, ist grundsätzlich auf mehrere Jahre angelegt. Sie sollte frühestens zwei bis drei Jahre nach dem 1. Grad-Seminar bzw. ein bis zwei Jahre nach dem 2. Grad-Seminar beginnen. Die Ausbildung ist wenig formal ausgerichtet. Sie findet im Wesentlichen in persönlichen Begegnungen zwischen dem Meister und dem Schüler statt; häufig derart, wie Barbara Brown, eine der 22 noch von Takata eingeweihten Meisterinnen, hier ihr Verhältnis zu ihrer Meisterin schildert:

„Takata war viele Male bei mir zu Besuch, wenn sie Seminare gab, die ich für sie organisiert hatte. Ich lebte nicht nur mit ihren Seminaren, ich lebte mit ihrer ganzen Person. Wir gingen einkaufen mit ihr, mein Mann fuhr uns zu den Geschäften, wir gingen gemeinsam in Cafés, wir praktizierten gemeinsam Reiki, wir saßen zusammen und redeten miteinander."

Der Rahmen, der durch die kontinuierlichen, persönlichen Begegnungen zwischen Meister und Schüler geschaffen wird, ermöglicht eine Art „beständige Schulung", die bei den Begegnungen, verquickt mit den Dingen des Alltags, mal mehr, mal weniger im Vordergrund steht, jedoch immer die Grundlage für die Beziehung zwischen Meister und Schüler bildet bzw. letztlich gar deren einziges Ziel darstellt. Daneben lernt selbstverständlich auch der Meister in diesen Begegnungen durch den Schüler, jedoch auf einer, wie man sagen kann, weniger substanziellen Ebene als der Schüler.

Für die Dauer der Ausbildungszeit entsteht insofern eine Art Rapport zwischen dem Meister und dem Schüler, der eine stetige energetische Verbindung schafft; diese bildet die Grundlage für die die Ausbildung bestimmenden Dynamiken zwischen Meister und Schüler. Als Basis für die Entstehung eines solchen Rapports muss grundsätzlich ein gewisses Maß an Sympathie füreinander vorhanden sein. In welchem Maße bzw. wie lange der Rapport nach Beendigung der Meisterausbildung bestehen bleibt, liegt in der Entscheidung des Schülers, der dann selbst zum Meister geworden ist.

Für die Dauer der Meisterausbildung ist es von Vorteil, wenn der Meisterkandidat immer wieder bei Reiki-Seminaren dabei ist, die der Meister gibt, um so dessen Lehrweise sowie die Inhalte seiner Seminare unmittelbar zu verinnerlichen. In der Folge kann er, auf Grundlage dieser Verinnerlichung, nach erfolgtem Abschluss der Meisterausbildung, eine eigene Lehrweise herausbilden.

Neben der Anwesenheit in den Reiki-Seminaren des Meisters, bei dem die Ausbildung absolviert wird, kann auch an Reiki-Seminaren anderer, in derselben Tradition stehender Meister als Gast teilgenommen werden, um so andere Lehrweisen und Seminarinhalte kennenzulernen und damit eine größere Bandbreite an Möglichkeiten zu erfahren, die Seminare abzuhalten. Darüber hinaus sollte der Meisterkandidat sich ausbildungsbegleitend für eine psychotherapeutisch ausgerichtete Therapieform entscheiden, die nicht im Widerspruch zu der stattfindenden, spirituell ausgerichteten Meisterausbildung steht, um als Klient – bei einem Therapeuten, der außerhalb des Usui-Systems des Reiki steht – eine Reihe von psychotherapeutischen Sitzungen zu durchlaufen. Dies ermöglicht es ihm, sich auf persönlicher Ebene mit dem durch die Ausbildung zum Reiki-Meister hervorgerufenen, inneren Prozess auseinanderzusetzen.

## Der Meister für die Meisterausbildung

Zwischen den verschiedenen Lehrweisen und Stilen des Usui-Systems des Reiki bestehen, was Form und Inhalt der Meisterausbildung angeht, sehr große Unterschiede. Wer in sich den Ruf verspürt, einen Großteil seines Lebens, wenn nicht gar sein ganzes Leben der Lehre des Usui-Systems des Reiki zu widmen, sollte in aller Ruhe und ohne zeitlichen Druck darüber nachdenken, wer der Meister sein kann, der ihn hierzu ausbilden kann. (Ohne diesen Ruf innerlich zu verspüren, scheint es es nicht angebracht, eine Meisterausbildung überhaupt zu beginnen.)

An diesem Punkt in der Ausbildung im Usui-System des Reiki, also mind. ein bis zwei Jahre nach dem 2. Grad-Seminar, in Vorbereitung auf die Meisterausbildung, ist ein Wechsel des Meisters, sollte dieser gewünscht sein, unproblematisch, solange der neue Meister demselben Reiki-System bzw. einem verwandten System angehört. Grundsätzlich kann sich der Praktizierende, der nach einem Meister für die Meisterausbildung sucht, fragen, was ihm persönlich wichtig ist: Soll der Meister z. B. in der Nähe wohnen, so dass eine kontinuierliche Betreuung möglich ist? Oder darf er auch weiter entfernt wohnen – dann geschieht die Ausbildung eher dergestalt, dass man sich einige Male im Jahr für ein paar Tage trifft und dabei in gebündelter Form viel an innerer Entwicklung passiert, was hinterher stückweise in den Alltag zu integrieren ist. Weitere Fragen, die sich der Praktizierende stellen mag, können sein: Ist ausreichend Sympathie zwischen dem Meister und mir vorhanden (so dass ein Rapport entstehen kann)? Sagt mir die der Ausbildung bzw. dem Reiki-System zugrunde liegende, spirituelle Philosophie zu? In welcher Weise ist der Meister, über seine Tätigkeit als Reiki-Meister hinaus, spirituell ausgerichtet? Sagt mir die Art dieser Ausrichtung (z. B. christlich, buddhistisch, esoterisch) zu?

Selbst wenn die Entscheidung letztlich nicht aufgrund von Details bzw. rational getroffen werden sollte, sondern von einem tiefer liegenden, inneren Ort aus, so hilft es doch, sich im Vorfeld mit diesen Fragen zu beschäftigen und so mehr Klarheit darüber zu erhalten, was einem persönlich entspricht. Dabei ist es von Vorteil, sich umzuschauen, Gespräche zu führen, Zusammenhänge zu reflektieren und sich seiner Gefühle und Intuitionen immer bewusster zu werden, so dass schließlich ein klares, inneres

Gefühl von „Das ist mein Meister!" heranreifen kann. Ist dieses Gefühl nicht vorhanden, sollte mit dem Beginn der Ausbildung lieber noch gewartet werden.

## Ist ein Meister erleuchtet?

Der Begriff des Meisters im Usui-System des Reiki ist nicht derart zu verstehen, dass ein Reiki-Meister, nur weil er diesen Titel trägt, in irgendeiner Weise erleuchtet wäre. (Dies schließt allerdings auch nicht kategorisch aus, dass ein Reiki-Meister dem, was allgemein als Erleuchtung verstanden wird, durchaus nahe stehen kann.) Im Prinzip stellt das, was mit den Begriffen „Meisterschaft" und „Erleuchtung" gemeint ist, einen Zustand dar, dem man sich ein Leben lang annähern kann, ohne ihn je wirklich zu erreichen. Wichtig für die stetige spirituelle Entwicklung ist dabei nur, dass man nie für längere Zeit aufhört, nach diesem Zustand zu streben.

Es gibt keine Formel für Meisterschaft, und: Man bleibt ein Stück weit immer Schüler, egal welchen Titel man in egal welchem System inne hat. Auch wenn die Meistereinweihung oder bestimmte Momente in der Entwicklung als Meister einmal erleuchtenden Charakter haben mögen, so gilt doch immer die spirituelle Grundregel, die in dem folgenden Zen-Spruch so treffend zum Ausdruck kommt:

„Vor der Erleuchtung,
hacke Holz und trage Wasser.
…
Nach der Erleuchtung,
hacke Holz und trage Wasser."

# 10. Die Kombination mit anderen Heilmethoden

Es ist möglich, die Anwendung von Reiki mit der Anwendung anderer natürlicher Heilweisen zu kombinieren. Weit verbreitet sind Kombinationen wie z. B. „Reiki mit Bach-Blüten“, „Reiki mit Aura-Soma“ und „Reiki mit Edelsteinen“. Wie die Erfahrung zeigt, ist es von Vorteil, einzelne Methoden, bevor man sie miteinander kombiniert, zunächst in ihrer Essenz, jede für sich, verstehen zu lernen. Erst wenn jede Heilweise, die in Verbindung mit anderen angewandt werden soll, ausreichend in ihrem ureigensten Wesen verstanden und auch erfahren worden ist, sollte mit der Kombination mehrerer Methoden begonnen werden. Ansonsten kann es passieren, dass dabei eine Art „Energiebrei“ herauskommt, bei dem die Rezeptur bzw. das Mischungsverhältnis nicht ganz stimmt. Statt effektiver zu wirken, werden die einzelnen Methoden dann in ihrer Wirkung abgeschwächt bzw. ergeben kein stimmiges Gesamtbild.

Wer sich selbst oder andere regelmäßig mit einer Kombination aus verschiedenen Methoden behandelt, sollte dies aus einer verantwortungsvollen, wissenden Grundhaltung heraus tun und nicht einfach experimentierenderweise. Wurde ein ausreichendes Verständnis jeder einzelnen anzuwendenden Heilweise gewonnen, kann damit begonnen werden, verschiedene Methoden miteinander zu kombinieren.

## Reiki mit Bach-Blüten

Sehr beliebt unter Reiki-Praktizierenden ist die Kombination von Reiki mit den bekannten Bach-Blüten. Dabei handelt es sich um ein System aus 38 Blütenessenzen, entwickelt von Dr. Edward

Bach, in der ersten Hälfte des 20. Jahrhunderts. Die Bach-Blüten eignen sich zur Behandlung chronischer Krankheiten wie auch zur Behandlung akuter Zustände, z. B. bei psychischen Stresssituationen. Wie das Usui-System des Reiki sind sie gut zur Selbstbehandlung geeignet.

Jede Bach-Blüte steht für ein seelisches Thema bzw. die Heilung desselben. Wer ein bestimmtes seelisches Thema bearbeiten möchte, kann die entsprechende Blütenessenz körperlich einnehmen oder, gemäß der psychosomatischen Lehre, auf eine passende Körperstelle auftragen. Dies kann auch direkt vor einer Reiki-Behandlung getan werden, was es ermöglicht, ein bestimmtes Thema verstärkt ins Bewusstsein zu heben bzw. zu heilen.

Weiterhin können direkt vor dem Reiki-Geben die Hände mit der entsprechenden Essenz benetzt werden, so dass Reiki während der Behandlung dauerhaft durch den „Filter" dieser Bach-Blütenessenz, dieses seelischen Themas fließt. Dabei besteht auch die Möglichkeit, sich während der Behandlung mental mit dem entsprechenden Thema auseinanderzusetzen bzw. sich dieses in kontemplativer Weise zu erschließen.

**Buchtipps:** *Die Bach-Blütentherapie, Edward Bach, Knaur*
Aura-Soma, Bach-Blüten und Reiki, Anita Bind-Klinger, Aquamarin
**Website:** www.bach-bluetentherapie.de (in deutscher Sprache)

## Reiki mit Aura-Soma

Ähnlich wie bei der Kombination von Reiki mit Bach-Blüten lässt sich Reiki auch in Verbindung mit den bekannten Aura-Soma-Essenzen anwenden. Das Aura-Soma-System wurde von Vicky Wall in den 1980er Jahren entwickelt bzw. „aus geistigen Quellen" empfangen. Es besteht aus farbigen, duftenden Ölen und Essenzen, die aus Pflanzenextrakten und Edelsteinenergien hergestellt sind. Die Essenzen eignen sich gut für einen intuitiv geprägten, spielerischen Zugang zu den spirituellen Welten.

Für die Kombination mit Reiki sind insbesondere die Pomander und die Meister-Essenzen geeignet. Diese lassen sich – die thematische Eignung vorausgesetzt – gut vor oder nach einer Reiki-Behandlung in die Aura der behandelten Person einfächeln. Die Pomander und Meister-Essenzen sind auch als Raumspray erhältlich.

**Buchtipps:** Aura Soma, Irene Dalichow u. Mike Booth, Knaur
Aura-Soma, Bach-Blüten und Reiki, Anita Bind-Klinger, Aquamarin
**Website:** www.aurasoma.com (in englischer Sprache)

## Reiki mit Edelsteinen

Eine weitere beliebte Kombination ist die von Reiki mit Edelsteinen. Als Edelsteine bezeichnet man jene Steine, die aufgrund besonderer Merkmale wie z. B. ihrer schönen Färbung, ihres hohen Härtegrades und ihrer Polierfähigkeit eine besondere Stellung im Reich der Mineralien einnehmen. Schon seit jeher werden Edelsteine in der Heilarbeit verwendet, in allen Kulturen der Welt. Die Heilwirkung von Edelsteinen entfaltet sich auf sanfte und subtile Weise.

In der Kombination mit Reiki können Edelsteine in unterschiedlicher Weise angewandt werden. Eine Möglichkeit besteht darin, sieben Steine der selben Art, beispielsweise Rosenquarze, auf die sieben Hauptchakren zu legen, während man eine Reiki-Behandlung gibt. Eine weitere Möglichkeit ist die intuitive Einbeziehung von Bergkristallen in die Reiki-Anwendung. Bergkristalle haben eine klärende, reinigende Wirkung und sind insofern gut für erste Erfahrungen bei der Anwendung von Reiki mit Edelsteinen geeignet.

**Buchtipp:** Lexikon der Heilsteine, Michael Gienger, Verlag Neue Erde
Reiki mit Engeln und Edelsteinen, Ursula Klinger-Omenka, Windpferd
**Website:** www.michael-gienger.de (in deutscher Sprache)

## Gegenseitiger Austausch

Bei der Kombination verschiedener Methoden und Heilweisen betritt man als Praktizierender oft Neuland. So entsteht Diskussionsbedarf, z. B. über die verschiedenen Anwendungsfelder und -erfolge oder über Möglichkeiten der Kombination. Im Gespräch mit anderen, fachkundigen Personen kann man von den Erfahrungen anderer lernen und eigene Erfahrungen weitergeben. Gerade was die Kombination verschiedener Methoden betrifft, ist der gegenseitige Austausch für alle Beteiligten von hohem Nutzen.

# 11. Reiki in der Medizin

Als ein System der Übermittlung universeller Lebensenergie per Handauflegen bzw. über die Ferne ist das Usui-System des Reiki Teil eines speziellen Bereiches der Medizin: der Energiemedizin.* Damit wird ein Feld der Medizin bezeichnet, das die Anwendung von Energiefeldern in Diagnose und Therapie umfasst. Die entsprechenden therapeutischen Anwendungen können verschiedene Formen annehmen: die Einnahme energetisierter Substanzen (wie z. B. der Bach-Blüten, vgl. S. 83), die Behandlung mit Hilfe von technischen Geräten (wie z. B. bei der Bioresonanztherapie**) sowie die direkte Übertragung von Energie(feldern) von Mensch zu Mensch (z. B. in Form von Handauflegen).

In einigen Ländern genießt die Energiemedizin bereits staatliche Anerkennung. So wird z. B. in den USA das Usui-System des Reiki, neben anderen energiemedizinischen Therapiemethoden, vom National Center for Complementary and Alternative Medicine (NCCAM)*** als eine Form der Energiemedizin anerkannt. Weltweit sind energiemedizinische Behandlungsweisen

---

* Andere Bezeichnungen für diesen Medizinbereich sind „Energetische Medizin" bzw. der englische Ausdruck „energy medicine".

** Die Bioresonanz-Therapie (BICOM) ist eine energiemedizinische Behandlungsmethode, die in den 1970er Jahren von Dr. Morell und E. Rasche entwickelt wurde. Dabei werden die körpereigenen Schwingungen in ein Gerät geleitet, das gesunde und krankhafte Schwingungen voneinander trennt, wobei die Gesunden verstärkt und die Krankhaften elektronisch invertiert, also spiegelbildlich zurückgegeben werden. Die so erreichten Gegenschwingungen schwächen die krankhaften Informationen ab und können sie bei mehrfacher Anwendung ganz löschen.

*** Das National Center for Complementary and Alternative Medicine (NCCAM) ist Teil des nationalen Gesundheitsinstituts der USA, den National Institutes of Health (NIH).

Forschungsobjekt vieler wissenschaftlicher Institute. In Deutschland engagiert sich die Deutsche Gesellschaft für Energetische und Informationsmedizin (DGEIM), ein Zusammenschluss von Wissenschaftlern, Ärzten, Physikern, Therapeuten und Anwendern der Energiemedizin, für deren staatliche Anerkennung. Ein weiterer Verband, der sich für die Integration energiemedizinischer Heilweisen in das deutsche Gesundheitssystem einsetzt und entsprechende Forschungsprojekte durchführt, ist der Dachverband Geistiges Heilen (DGH).

## Wissenschaftliche Studien

Nach allem, was wir heute darüber wissen, beruht die Funktionsweise von Reiki, vereinfacht gesagt, auf dem Phänomen der Schwingungsänderung. Durch Krankheit, Ärger oder Stress wird der menschliche Organismus in einen disharmonischen Zustand versetzt, dadurch geraten die Schwingungen im Körper durcheinander. Durch Einwirken der universellen Lebensenergie auf den aus dem Gleichgewicht geratenen Organismus kann der disharmonische Zustand in eine harmonische Schwingung zurückgeführt werden. Je nach den Umständen der Krankheit kann dies unterschiedlich schnell bzw. mit unterschiedlichem Erfolg geschehen.

Mittlerweile haben wissenschaftliche Studien die Wirksamkeit von Reiki bestätigt. So stellt z. B. Dipl.-Psych. Moritz Harder von der Universität Marburg in seiner Diplomarbeit fest, dass der bisherige Forschungsstand ernst zu nehmende Hinweise auf eine Wirksamkeit von Reiki liefert. Von den bislang vorliegenden, qualitativ akzeptablen Studien weisen, so Harder, stolze 86 Prozent positive Ergebnisse auf.* Jedoch ist die Anzahl der Studien speziell im Bereich Reiki derzeit leider noch gering. Ganz

* Weitere Informationen hierzu in: „Reiki und Schulmedizin", Oliver Klatt und Norbert Lindner, Windpferd-Verlag, Aitrang 2006, in Kapitel 7: Wissenschaftliche Publikationen

anders sieht dies jedoch für den Gesamtbereich der therapeutischen Anwendungen im Bereich der Energiemedizin aus, speziell im Bereich der energiemedizinischen Direktbehandlung, zu dem, neben dem Usui-System des Reiki auch verwandte Therapiemethoden wie z. B. die Prana-Heilung, Healing Touch und die Chakra-Therapie zählen.

Den wohl umfassendsten wissenschaftlichen Überblick in diesem Bereich gibt der US-amerikanische Forscher Daniel Benor mit einer Auswahl von rd. 200 Studien, die in den letzten 30 Jahren durchgeführt worden sind. Von diesen weisen 65 Prozent positive Ergebnisse auf.* Benor fasst die Ergebnisse seines Überblicks damit zusammen, dass die Frage, ob energetisches Heilen wirke, klar bejaht werden könne. Zukünftige Untersuchungen, so Benor, könnten sich allmählich damit befassen, nach den Ursachen hierfür zu forschen. Energetische Heilung scheine einen generell gesundheitsfördernden Einfluss auf den Organismus zu haben und dabei frei von Nebenwirkungen zu sein.

## Zusammenarbeit mit der Schulmedizin

In einigen Ländern findet bereits eine Zusammenarbeit zwischen Medizinern und Reiki-Behandlern statt. So werden beispielsweise in den USA und in Großbritannien schon seit einigen Jahren Reiki-Anwendungen in zahlreichen Kliniken eingesetzt. Als leicht in den Krankenhausalltag zu integrierende Behandlungsweise kommt Reiki dabei in nahezu allen Bereichen zum Einsatz: im Operationssaal, nach Operationen, bei schweren Krankheiten wie Krebs und HIV, bei Unfruchtbarkeit, bei akuten Infektionen, chronischen Krankheitsbildern, in der Notfallmedizin sowie gegen Nebeneffekte von Medikamenten und Bestrahlungen. Als Effekte von Reiki-Anwendungen zeigen sich, so entsprechende

---

* Siehe: „Reiki und Schulmedizin", Oliver Klatt und Norbert Lindner, Windpferd-Verlag, Aitrang 2006

Studien, neben Stressreduktion, Schmerzlinderung und Entspannung, auch die Beschleunigung von Heilungsprozessen, eine Verringerung des Medikamentenverbrauchs, geringere Nebenwirkungen von Medikamenten, besserer Schlaf, erhöhter Appetit sowie eine bessere Kooperation und Kommunikation mit dem Fachpersonal.

Auch in Deutschland gibt es erste Modelle der Zusammenarbeit zwischen Schulmedizinern und Reiki-Behandlern, so z. B. in der Entspannungstherapie, in der Krebstherapie und in der Suchttherapie. Wer als Reiki-Praktizierender an der Zusammenarbeit mit Schulmedizinern interessiert ist, sollte ausreichend praktische Erfahrung in der Behandlung anderer Personen mit Reiki besitzen. Vor diesem Hintergrund lohnt es sich, Möglichkeiten der Zusammenarbeit mit Kliniken, Arztpraxen und Pflegeheimen, die für komplementärmedizinische Heilweisen offen sind, auszuloten. Praktische Tipps hierfür sowie entsprechendes theoretisches Wissen vermittelt u. a. das Buch „Reiki und Schulmedizin".

**Buchtipps:** Reiki und Schulmedizin, Oliver Klatt und Norbert Lindner, Windpferd Verlag
Spirituelles Heilen und Schulmedizin, Jakob Bösch, AT Verlag
**Websites:** www.reiki-und-schulmedizin.de, www.dgeim.de, www.dgh-ev.de (alle in deutscher Sprache), www.reikiinmedicine.org (in englischer Sprache)

# ANHANG

# Kleines Reiki-Lexikon

**Affirmation**

lat.: Bejahung

Affirmationen sind aufbauende, lebensbejahende Sätze, die auf mentaler Ebene eingesetzt werden, z. B. durch häufiges Wiederholen, um Gesundheit und Wohlbefinden zu steigern. Im Usui-System des Reiki können Affirmationen u. a. bei der Mentalheilung, einer Technik des zweiten Grades, verwendet werden.

**Aura**

Mehrschichtiger, unsichtbarer, feinstofflicher Energiekörper, der den physischen Körper umgibt. Im Usui-System des Reiki findet die Technik des „Aura-ausstreichens" bei manchen Praktizierenden Verwendung. Dabei führt der Behandler zu Beginn und am Ende einer Behandlung beide Hände langsam entlang dem Körper der zu behandelnden Person, meist jeweils drei Mal, in einem Abstand von rd. 20 bis 50 Zentimetern, vom Kopf bis zu den Füßen.

**Austauschtreffen**

Regelmäßig stattfindende, meist von Reiki-Meistern veranstaltete Treffen, die es den Schülern ermöglichen, in Kontakt mit dem Meister zu bleiben. Im Rahmen von Reiki-Austauschtreffen haben die Schüler die Möglichkeit, Fragen an den Meister zu richten, sich untereinander auszutauschen sowie an einer Reiki-Gruppenbehandlung teilzunehmen.

**Authentisches Reiki**

Eine der Bezeichnungen für Die Radiance Technik, deren Lehre und Praxis auf Dr. Barbara Ray zurückgeht. Im deutschsprachigen Raum wird diese Bezeichnung vor allem von der

Reiki-Lehrerin Barbara Simonsohn für das von ihr gelehrte, siebenstufige System des Reiki verwendet. Barbara Simonsohn erhielt Teile ihrer Reiki-Ausbildung bei Dr. Barbara Ray.

**Byosen**

Innerhalb der ursprünglich gehaltenen, japanischen Formen des Usui-Systems die wichtigste Technik für die Behandlung mit Reiki. Byosen bedeutet in etwa „Krankheitsschwingung". Bei der Technik des Byosen geht es darum, die Quelle der Krankheitsschwingung im Körper der zu behandelnden Person ausfindig zu machen und die Hände dort so lange aufzulegen, bis die Schwingung sich ändert oder auflöst. Das Byosen ist da zu finden, wo die Ursache der Krankheit sitzt. Dies muss nicht immer dort sein, wo der Schmerz oder ein Symptom auftritt.

**Chakren**

Energiezentren, die im feinstofflichen Körper des Menschen angesiedelt sind. Chakra bedeutet in der Sanskritsprache so viel wie „Rad". Die zahlreichen, teils sehr unterschiedlichen Chakrenlehren kennen in der Regel sieben Hauptchakren. Alten hinduistischen Schriften zufolge soll es insgesamt 88.000 Chakren im feinstofflichen Körper des Menschen geben. Einige Praktizierende des Usui-Systems wenden Reiki in Kombination mit der Chakrenarbeit an. Weit verbreitet ist der so genannte Chakrenausgleich, wobei die sieben Hauptchakren der Reihe nach mit Reiki behandelt werden.

**Channeling**

Der Begriff Channeling stammt aus dem Englischen und bedeutet übersetzt so viel wie „Kanalisierung". Bei einem Channeling übermittelt eine sensitive Person, auch Medium genannt, Informationen oder Botschaften an die Menschen, die ihr dabei zuhören oder später eine Niederschrift davon lesen. Üblicherweise kommen zu einem Channeling also Menschen in einer Gruppe zusammen, wobei ein Medium mittels ihrer Stimme Botschaften bzw. Informationen aus geistigen Quellen „kanalisiert", d. h. an die Anwesenden übermittelt.

**Die Radiance Technik**

Auf Dr. Barbara Ray zurückgehende Form des Usui-Systems des Reiki mit insgesamt sieben Graden bzw. Lehrstufen. Dr. Barbara Ray ist eine der 22 MeisterInnen, die das Usui-System bei Hawayo Takata erlernt haben.

**Einstimmung**

siehe: Einweihung

**Einweihung**

Im Usui-System des Reiki die Zeremonie bzw. das Ritual, das der Reiki-Meister an dem Schüler bzw. Kursteilnehmer vornimmt. Die Einweihung in den ersten Grad umfasst in der Regel vier Zeremonien (in manchen Stilen des Usui-Systems auch wenigere), die zusammen als „Einweihung in den ersten Grad" gelten. Diese befähigt den Schüler dazu, die universelle Lebensenergie Reiki per Handauflegen auf sich selbst und andere zu übertragen. Die Einweihung in den zweiten Grad umfasst in der Regel eine Zeremonie (in manchen Stilen des Usui-Systems auch mehrere). Diese befähigt den Schüler dazu, die drei Symbole des zweiten Grades, die zur Verstärkung des Reiki-Flusses sowie zur Durchführung von Mental- und Fernheilungen dienen, anzuwenden. Die Einweihung in die Meisterebene umfasst in der Regel eine Zeremonie. Diese befähigt den Eingeweihten dazu, wiederum andere in den ersten Grad, den zweiten Grad und später in die Meisterebene einzuweihen. Die Abläufe der Zeremonien, die die Einweihungen in die verschiedenen Grade bilden, werden von Meister zu Meister weitergegeben.

**Einweihungslinie**
siehe: Linie

**Einzelbehandlung**
Form der Behandlung mit Reiki, bei der ein Praktizierender eine andere Person behandelt.

**Erster Grad**
Der erste Grad des Usui-Systems wird meist im Rahmen eines zwei- oder dreitägigen Seminars gelehrt. Die Teilnehmer erhalten in der Regel vier Einweihungen und üben sich in den Handpositionen zur Selbstbehandlung und Behandlung anderer mit Reiki. Sie hören die Geschichte des Usui-Systems und lernen die fünf Reiki-Lebensregeln kennen. Wichtige Themen rund um Reiki werden angesprochen und Fragen werden beantwortet. Nach Abschluss des Seminars sind die Teilnehmer in der Lage, sich selbst und anderen die universelle Lebensenergie Reiki per Handauflegen zu übermitteln.

**Ferneinweihung**
Eine Form der Einweihung, bei der ein Reiki-Meister laut eigener Aussage die entsprechende Einweihung vornimmt, ohne dass die Person, die diese Einweihungen erhalten soll, physisch anwesend ist. Auch wenn die Möglichkeit der erfolgreichen Durchführung einer Ferneinweihung, sofern sie von sehr erfahrenen und spirituell weit entwickelten Personen vorgenommen wird, nicht völlig von der Hand zu weisen ist, so ist diese Verfahrensweise doch so weit entfernt von der traditionellen Lehre des Usui-Systems, dass sie nicht mehr als dem Usui-System des Reiki zugehörig betrachtet werden kann.

**Fernheilung**
Technik des zweiten Grades des Usui-Systems, die es dem Eingeweihten ermöglicht, Reiki über die Ferne zu schicken.

**Fernheilungssymbol**
Eine Bezeichnung für das dritte Symbol des zweiten Grades, das den Eingeweihten zur Durchführung von Fernheilungen befähigt.

**Fernreiki**
Unter Praktizierenden des Usui-Systems allgemein gebräuchlicher Begriff für das Senden von Reiki über die Ferne.

**Freie Meister**
Umgangssprachliche Bezeichnung für Reiki-Meister, die sich in ihrer Praxis und Lehre keiner bestimmten Form des Usui-Systems des Reiki zugehörig fühlen.

**Fußeinweihungen**
Einige Reiki-Meister führen im Rahmen der üblichen Einweihungsrituale zusätzlich so genannte Fußeinweihungen durch. Damit soll, so der Grundgedanke dieser Einweihungspraxis, die Erdung der eingeweihten Person erhöht werden. Nach allem was wir heute wissen, nahmen weder Mikao Usui noch Dr. Hayashi noch Hawayo Takata Fußeinweihungen vor. Diese Einweihungspraxis geht wohl zurück auf die Arbeit von Gerda E. Drescher, der Begründerin des Rei-Ki-Balancing, eines neueren, jedoch kaum verbreiteten Reiki-Systems.

**Gendai Reiki Ho**
Von dem Japaner Hiroshi Doi begründete Form des Usui-Systems des Reiki, mit dem Ziel, eine Synthese von Reiki-Methoden westlicher und japanischer Herkunft zu schaffen.

**Großmeister**
Einen Großmeister, der dem gesamten Usui-System des Reiki vorsteht, so wie z. B. der Dalai Lama dem tibetischen Buddhismus, gibt es nicht. Seit dem Tode Mikao Usuis gibt es keine Person mehr, die von den Praktizierenden aller existierenden Formen und Stilrichtungen des Usui-Systems als alleinige Au-

torität betrachtet wird. In einigen Formen des Usui-Systems gibt es heute den Titel des Großmeisters, in anderen Formen des Usui-Systems gibt es keinen solchen Titel. Da, wo ein solcher Titel existiert, ist er jeweils einer einzelnen Person vorbehalten. So trägt z. B. im Usui Shiki Ryoho derzeit Phyllis Furumoto den Titel der Großmeisterin, was bedeutet, dass sie die spirituelle Linie dieses Systems hält und für die Praktizierenden dieses Systems eine Autorität darstellt. Zu dem Titel ist sie gekommen, indem sie die Nachfolge ihrer Großmutter, Hawayo Takata, antrat, die in den letzten Jahren ihres Lebens von ihren Schülern als Großmeisterin bezeichnet worden war. Hier liegt wohl auch der Ursprung dieses Titels innerhalb des Usui-Systems des Reiki. Zu Lebzeiten Mikao Usuis und Dr. Hayashis hat es den Großmeistertitel offenbar nicht gegeben. In letzter Zeit ist zu beobachten, dass einige freie Meister damit begonnen haben, andere Meister in den so genannten „Großmeistergrad" einzuweihen. In diesem Zusammenhang ist die Bezeichnung Großmeister weniger als besonderer Titel, sondern vielmehr als eine Art erweiterter Grad zu verstehen; in der Regel der höchste Grad, der innerhalb der jeweiligen Praxis zu erreichen ist. Dies bedeutet jedoch nicht, dass die solcherweise als Großmeister bezeichnete Person eine Autorität für alle Praktizierenden der jeweiligen Praxis darstellt.

**Gruppenbehandlung**

Form der Behandlung mit Reiki, bei der mehrere Praktizierende gleichzeitig einer Person Reiki geben. Bei einer Gruppenbehandlung bilden in der Regel drei bis acht Praktizierende eine Gruppe. Üblicherweise erhält jeder Teilnehmer eine bestimmte Zeit lang, z. B. zehn Minuten, von allen anderen zugleich Reiki.

**Jikiden Reiki**

Von der Japanerin Chiyoko Yamaguchi entwickelte, auf ihren Erfahrungen mit der Lehre Dr. Hayashis beruhende Form des Usui-Systems. Seit dem Tode Chiyoko Yamaguchis im Jahr 2003 führt ihr Sohn, Tadao Yamaguchi, ihr Lebenswerk fort.

**Karuna Reiki**

Von dem US-Amerikaner William Lee Rand begründete, auf dem Usui-System des Reiki aufbauende, neuere Form der Arbeit mit der universellen Lebensenergie, die sich ausschließlich an Reiki-Meister richtet. Dem System liegen gechannelte Informationen zugrunde.

**Kontraindikation**

Bezeichnung für einen Umstand, der die Anwendung einer an sich zweckmäßigen Heilbehandlung verbietet. Unter Reiki-Praktizierenden sind die Meinungen darüber geteilt, ob es im Zusammenhang mit Reiki-Behandlungen Kontraindikationen geben kann. Während einige der Auffassung sind, dass es durchaus Kontraindikationen gibt (und hierzu auch selbst erlebte Beispiele anführen, von Behandlungen, bei denen es unter den gleichen, bestimmten Umständen wiederholt zu Problemen kam), vertreten andere die Auffassung, dass es im Zusammenhang mit Reiki-Behandlungen keine Kontraindikationen geben kann (diese führen ihre Auffassung darauf zurück, dass sie es noch nie erlebt haben, dass es bei Behandlungen unter den gleichen, bestimmten Umständen wiederholt zu Problemen kam, auch nicht im Zusammenhang mit den von anderen als Kontraindikationen bezeichneten Umständen wie z. B. „die zu behandelnde Person befindet sich unter Narkose“ oder „die zu behandelnde Person hat einen Herzschrittmacher“).

**Kraft-Symbol**
Eine Bezeichnung für das erste Symbol des zweiten Grades, das den Eingeweihten dazu befähigt, den Reiki-Fluss zu verstärken. Darüber hinaus ist das erste Symbol auch im Zusammenhang mit der Anwendung des zweiten und dritten Symbols von Bedeutung.

**Kurama-Berg**
Als heilig geltender Berg in Japan, um den sich viele Legenden ranken. Auf dem Kurama-Berg sind zahlreiche Tempel verschiedenster spiritueller Traditionen beheimatet. Er liegt in der Nähe von Kioto und gilt als das „spirituelle Herz Japans“. Der Kurama-Berg ist 570 Meter hoch. Wie es heißt, sei Mikao Usui während einer 21-tägigen Fastenzeit auf dem Kurama-Berg in tiefer Meditation das Wissen von Reiki zuteil geworden.

**Lebensregeln**
Die fünf Reiki-Lebensregeln sind Bestandteil der Lehre des Usui-Systems. Mit der Zeit ist es zu vielen unterschiedlichen Formulierungen der Lebensregeln gekommen. Eine auf Mikao Usui zurückgehende Form lautet: „Heute, ärgere dich nicht. Sorge dich nicht. Sei dankbar. Arbeite hart. Sei freundlich zu den Menschen.“

**Lehrergrad**
Innerhalb derjenigen Formen und Lehrweisen des Usui-Systems, bei denen die Meisterebene in zwei Stufen unterteilt ist, die Bezeichnung für die zweite Stufe auf der Meisterebene, auf der der Schüler, nach der bereits auf der ersten Stufe erhaltenen Meistereinweihung, nun auch die Berechtigung erhält, das Usui-System zu lehren.

**Linie**
Im Usui-System des Reiki meint der Begriff Linie die Reihe der Meister, über die das Usui-System des Reiki sozusagen zu

einem gekommen ist, beginnend mit Mikao Usui, bis zu dem Meister, von dem man die Einweihung erhalten hat. Jeder, der in Reiki eingeweiht ist, verfügt über eine Linie, egal welchen Grad er besitzt. Dazu zwei Beispiele:
1. Herr X hat die Einweihung in den ersten Grad von Meister Y erhalten, der von Hawayo Takata zum Meister eingeweiht wurde. Seine Linie besteht aus: Mikao Usui – Dr. Chujiro Hayashi – Hawayo Takata – Meister Y / 2. Frau Z hat die Einweihung in den Meistergrad von Meister Y erhalten. Ihre Linie besteht aus: Mikao Usui – Dr. Chujiro Hayashi – Hawayo Takata – Meister Y. Nimmt Frau Z nun ihrerseits Einweihungen vor, dann stehen die von ihr eingeweihten Personen in der Linie: Mikao Usui – Dr. Chujiro Hayashi – Hawayo Takata – Meister Y – Meisterin Z. Die Linie, auch Einweihungslinie genannt, kennzeichnet die „energetische Abstammung". Nicht nur im Usui-System des Reiki, sondern auch in anderen spirituellen Traditionen gilt die Linie, über die man eine Lehre erhalten hat, als bedeutsam. Der Begriff der Linie oder Einweihungslinie ist nicht identisch mit dem der spirituellen Linie (vgl. S. 106).

**Mentalheilung**

Technik des zweiten Grades des Usui-Systems, die dem Eingeweihten das Einwirken auf tiefer liegende Schichten des Bewusstseins in Form von Zuführung allgemein oder spezifisch ausgerichteter, universeller Lebensenergie ermöglicht.

**Mentalheilungssymbol**

Eine Bezeichnung für das zweite Symbol des zweiten Grades, das den Eingeweihten zu der Durchführung von Mentalheilungen befähigt.

**Meisterebene**

Als Eintritt in die Meisterebene wird in der traditionellen Sichtweise der Moment bezeichnet, wo der Schüler, nach einer mehrjährigen Zeit als Meisterkandidat, vom einweihenden Meister das Wissen um die Einweihungen in den ersten und zweiten Grad erhält, inklusive der Erlaubnis, diese Grade zu lehren, sowie die dieser Stufe entsprechende Einweihung. Von da an ist der Schüler in seiner Verbindung zu der universellen Lebensenergie Reiki auf der Meisterebene angekommen.

**Meistergrad**

Eine Bezeichnung für die innerhalb der traditionellen Form des Usui-Systems mit Abschluss der Meisterausbildung bzw. des daraus resultierenden Eintritts in die Meisterebene erlangte Stufe. Ebenso – innerhalb derjenigen Formen und Lehrstile des Usui-Systems, bei denen die Meisterebene in zwei oder mehrere Stufen unterteilt ist – die Bezeichnung für die erste Stufe auf der Meisterebene, auf der der Schüler zwar die Meistereinweihung erhält, jedoch noch nicht die Berechtigung, das Usui-System auch zu lehren.

**Meister-Kandidat**

Jemand, der sich in der Ausbildung zum Reiki-Meister befindet.

**Meister-Symbol**

Bezeichnung für das so genannte Symbol, das mit der Einweihung in die Meisterebene übermittelt wird. Dabei handelt es sich im engeren Sinne des Wortes jedoch nicht um ein Symbol, sondern vielmehr um japanische Schriftzeichen sowie deren Bezeichnungen, die, zusammen genommen, einen Satz ergeben. Im Gegensatz dazu handelt es sich bei allen drei Symbolen des zweiten Grades im eigentlichen Sinne des Wortes tatsächlich um Symbole und nicht um japanische Schriftzeichen.

**Notfallketten**

Häufig schließen sich Reiki-Praktizierende, die mindestens in den zweiten Reiki-Grad eingeweiht sind, zu so genannten

Notfallketten zusammen. Im Falle einer persönlichen Krise, eines Unfalls oder einer sonstigen schwierigen Situation von an der Notfallkette beteiligten Personen bzw. deren Angehörigen wird die Kette aktiviert. Dabei ruft in einer vorher festgelegten Reihenfolge einer den anderen an, mit dem Ziel, dass möglichst viele beteiligte Personen von der kritischen Situation erfahren und der betroffenen Person eine oder mehrere Fernbehandlungen mit Reiki senden können.

**Osho Neo-Reiki**

Von der deutschen Reiki-Meisterin Himani H. Gerber im Umkreis des indischen Meisters Osho (vormals Bhagwan) entwickeltes Reiki-System.

**Radiance Technik**

siehe: Die Radiance Technik

**Rainbow Reiki**

Von dem deutschen Reiki-Meister Walter Lübeck entwickeltes Reiki-System, das eine Weiterentwicklung der traditionellen Form des Usui-Systems darstellt. Dabei werden ursprüngliche, japanische Methoden, die u. a. auf Mikao Usui und Dr. Hayashi zurückgehen, ebenso integriert wie Entwicklungen seitens Walter Lübeck, so z. B. die Essenzentechnik, das Karma Clearing, die Systematische Chakraarbeit sowie die spirituelle Arbeit auf den Ebenen des Höheren Selbst und des Inneren Kindes.

**Reiki**

Japanisch für: Universelle Lebensenergie

Neben dieser gängigen Übersetzung ins Deutsche gibt es zahlreiche andere Möglichkeiten, den Begriff zu übersetzen bzw. sich dessen tiefer liegenden Sinn zu erschließen. Im Sprachgebrauch der meisten Praktizierenden des Usui-Systems wird der Begriff Reiki synonym für die Praxis des Usui-Systems verwendet. So besagt z. B. ein Ausspruch wie „Ich mache Reiki", dass die betreffende Person die universelle Lebensenergie Reiki per Handauflegen übermittelt, was ihr durch die Einweihung in den ersten Grad des Usui-Systems möglich ist.

**Rei-Ki-Balancing**

Von der deutschen Reiki-Meisterin Gerda E. Drescher begründetes, auf dem Usui-System des Reiki aufbauendes System, in dessen Mittelpunkt die Erdungsarbeit steht. Dabei spielen energetische Einstimmungen an den Füßen eine wichtige Rolle. Seit dem Tode Gerda E. Dreschers im Jahr 2003 wird ihre Arbeit von ihrem Mann, Edwin Zimmerli, fortgeführt.

**Reiki-Box**

Von einigen Praktizierenden des Usui-Systems verwendete Bezeichnung für ein Kästchen, in das Zettel hineingelegt werden, auf denen persönliche Wünsche und/oder positive Affirmationen stehen. In der Folge wird auf die Reiki-Box regelmäßig Reiki gesendet, mit dem Ziel, dass die jeweiligen Wünsche und Affirmationen in Erfüllung gehen.

**Reiki-Dusche**

Bezeichnung für eine Technik, die den Reiki-Fluss im Körper anregen soll. Dabei visualisiert der Reiki-Praktizierende eine Dusche, z. B. über seinem Kopf (oder über dem Kopf einer anderen Person), aus der die universelle Lebensenergie Reiki sprudelt.

**Reiki Jin Kei Do**

Reiki-Stil, dessen spirituelle Linie von Dr. Hayashi über zwei buddhistische Mönche bis hin zum heutigen Linienhalter, Dr. Ranga Premaratna, führt. Letzterer begann in den 1990er Jahren, die ihm übermittelte Linie des Usui-Systems sowie zusätzliche Lehren, die auf den Studien seiner beiden Vorgänger, der beiden Mönche, beruhen, unter dem Namen Reiki Jin Kei Do zu verbreiten.

**Reiki-Lehrer**

In den Formen des Usui-Systems, bei denen die Meisterebene in zwei Stufen eingeteilt ist, bezeichnet der Begriff Reiki-Lehrer jemanden, der die zweite Stufe der Meisterebene betreten hat und damit die Berechtigung besitzt, Reiki-Seminare zu geben. Dem gegenüber wird derjenige, der die erste Stufe der Meisterebene, d. h. lediglich die Meistereinweihung, erhalten hat, als Reiki-Meister bezeichnet, der nicht die Berechtigung besitzt, das Usui-System auch zu lehren. In anderen Formen des Usui-Systems wiederum findet der Begriff Reiki-Lehrer überhaupt keine Verwendung. Aufgrund der mittlerweile weit verbreiteten Unterteilung der Meisterebene in den Meister- und den Lehrergrad ist zu beobachten, dass heutzutage auch diejenigen in die Meisterebene Eingeweihten, die Formen des Usui-Systems angehören, innerhalb derer lediglich der Begriff Reiki-Meister existiert, sich nun in der Öffentlichkeit als Reiki-Meister/-Lehrer bezeichnen, um möglichen Fehleinschätzungen vorzubeugen und damit deutlich zu machen, dass sie nicht nur die Einweihung in die Meisterebene erhalten haben, sondern das Usui-System auch lehren.

**Reiki-Meister**

In einigen Formen des Usui-Systems bezeichnet der Begriff Reiki-Meister jemanden, der in die Meisterebene eingeweiht ist und damit die Berechtigung hat, Reiki-Seminare zu geben. In anderen Stilen des Usui-Systems, bei denen die Meisterebene in zwei oder mehrere Stufen unterteilt ist, bezeichnet der Begriff Reiki-Meister jemanden, der in die erste Stufe der Meisterebene eingeweiht ist und damit lediglich die Meistereinweihung erhalten hat, was ihn jedoch noch nicht dazu berechtigt, das Usui-System auch zu lehren (während jemand, der auch die zweite Stufe der Meisterebene erlangt hat, als Reiki-Lehrer bezeichnet wird, da er die Berechtigung hat, das Usui-System zu lehren). In anderen Stilen des Usui-Systems findet der Begriff Reiki-Meister überhaupt keine Verwendung. Noch zu Lebzeiten Mikao Usuis soll der Begriff Reiki-Meister unbekannt gewesen sein. Erst nachdem Dr. Hayashi kurze Zeit vor seinem Tod das Usui-System des Reiki auf Hawaii gelehrt hatte und Hawayo Takata zu seiner Nachfolgerin bestimmt hatte, fand der Begriff Reiki-Meister Einzug in den Sprachgebrauch des Usui-Systems. Dies hatte wohl vor allem damit zu tun, dass von da an die englische Sprache benötigt wurde, um das System zu beschreiben. So spricht Dr. Hayashi in dem notariell beglaubigten Zertifikat, das er für Frau Takata erstellen ließ und 1938 auf Hawaii an sie übergab, von sich wie auch von Hawayo Takata als „Reiki Master". Dieser englische Begriff wurde später, als das System in den 1980er Jahren nach Deutschland kam, ins Deutsche als „Reiki-Meister" übersetzt.

**Reiki-Meister/-Lehrer**

Bezeichnung, die die Begriffe Reiki-Meister und Reiki-Lehrer zusammenfasst. In denjenigen Formen des Usui-Systems, bei denen die Meisterebene in zwei Stufen unterteilt ist, bezeichnet der Begriff Reiki-Meister/-Lehrer jemanden, der beide Stufen der Meisterebene erlangt hat.

**Reiki Outreach International**

International tätige Reiki-Organisation, die sich zum Ziel gesetzt hat, die Energie vieler Reiki-Praktizierender zu nutzen, um schwierige Weltsituationen wie Kriege, Gewalt, Naturkatastrophen und Seuchen zum höchsten Wohle aller zu verändern. Dies geschieht in der Regel per Fernheilung mit Reiki. Derzeit hat Reiki Outreach International rd. 2.000 Mitglieder weltweit.

**Reiki-Symbol**

Bezeichnung für die beiden japanischen Schriftzeichen, auch Kanjis genannt, die für den japanischen Ausdruck Reiki stehen. Dabei handelt es sich im engeren Sinne des Wortes eigentlich nicht um ein Symbol, sondern schlichtweg um die beiden japanischen Schriftzeichen, die für „Rei“ und „Ki“ stehen.

**Selbstbehandlung**

Form der Behandlung mit Reiki, bei der sich ein Praktizierender selbst mit Reiki behandelt. In manchen Formen des Usui-Systems des Reiki gilt die Selbstbehandlung als Hauptbestandteil der täglichen Praxis des Systems.

**Sensei**

Ausdruck, den ein Japaner verwendet, wenn er jemandem gegenüber seinen Respekt bekunden möchte. Dann wird „Sensei“ z. B. hinten an den Namen der Person angehängt, wenn man über sie spricht oder schreibt. So ist unter Praktizierenden der ursprünglich gehaltenen, japanischen Formen des Usui-Systems der Ausdruck „Usui-Sensei“ für Mikao Usui allgemein üblich. Weiterhin wird der Ausdruck Sensei auch in pauschaler Weise verwendet. Man bezeichnet in Japan z. B. alle Lehrer, Professoren, Ärzte, Abgeordnete, Anwälte und Autoren als Sensei.

**Spirituelle Linie**

Innerhalb der traditionellen Form des Usui-Systems, Usui Shiki Ryoho, gibt es neun Elemente, die die Form des Systems beschreiben. Die spirituelle Linie ist eines dieser neun Elemente. Es meint nicht die Linie oder Einweihungslinie, in der eine beliebige Person steht, die das Usui-System des Reiki praktiziert oder lehrt, sondern es meint die Linie, in der die jeweilige Großmeisterin des Usui Shiki Ryoho steht. Die Rolle der Großmeisterin eines Reiki-Systems ist es, die Integrität des Systems in seiner Essenz und Form zu bewahren. Die spirituelle Linie innerhalb des Usui Shiki Ryoho ist derzeit die folgende: Mikao Usui – Dr. Chujiro Hayashi – Hawayo Takata – Phyllis Lei Furumoto.

**The Radiance Technique International Association (TRTAI)**
Heutiger Name der in den späten 1970er Jahren von Dr. Barbara Ray, einer von Hawayo Takata eingeweihten Meisterin, unter dem Namen „American Reiki Association" gegründeten Organisation, die sich heute für die weltweite Verbreitung der Radiance Technik und andere Ziele einsetzt.

**The Reiki Alliance**
Internationale Vereinigung von Reiki-Meistern, die das Usui Shiki Ryoho-System in der Tradition nach Hawayo Takata praktizieren. The Reiki Alliance wurde 1982 in den USA gegründet und hat derzeit rd. 600 Mitglieder. Die Mitglieder erkennen Phyllis Furumoto als Großmeisterin des Usui Shiki Ryoho an.

**The Reiki Network**
Internationale Vereinigung von Reiki-Meistern, die 1990 von John und Esther Veltheim gegründet wurde. Ziele der Vereinigung sind vor allem die Netzwerkarbeit sowie die Schaffung von für alle Mitglieder verbindlichen Unterrichtsstandards. The Reiki Network hat derzeit rd. 100 Mitglieder. Es gibt untergeordnete Regionalverbände in verschiedenen Ländern.

**Usui Reiki Ryoho Gakkai**
dtsch.: Gesellschaft der Reiki-Heilmethode nach Usui.
Die Gesellschaft soll noch zu Lebzeiten Mikao Usuis von diesem persönlich gegründet worden sein. Seit den 1920er Jahren pflegt und bewahrt sie die Reiki-Heilmethode nach Mikao Usui in ihrer ursprünglichen Form in Japan. Heute ist sie eine Art Geheimgesellschaft, deren Mitglieder die Kommunikation mit der Öffentlichkeit scheuen.

**Usui Shiki Ryoho**

dtsch.: Usui-System (oder Methode) der Heilung.

Heutige Bezeichnung für die traditionelle Form des Usui-Systems, die 1938 über Hawaii in die westliche Welt kam. Das System wurde erstmalig auf Hawaii gelehrt, von Dr. Hayashi, gemeinsam mit Hawayo Takata. Über Takata gelangte das System auf das amerikanische Festland, von wo aus es sich mit Beginn der 1980er Jahre weltweit verbreitete.

**Zertifikat**

Die Mehrzahl der Reiki-Meister stellt den Kursteilnehmern bzw. Schülern mit Erreichen eines jeden Grades des Systems ein entsprechendes Zertifikat aus. Die verwendeten Zertifikate variieren in Form und Inhalt. Üblicherweise beinhalten sie den Namen der eingeweihten Person, Ort und Datum der Einweihung sowie den Namen des einweihenden Meisters. Häufig sind die Zertifikate mit einem persönlichen Stempel des Meisters versehen. Ist der Meister Mitglied einer Reiki-Vereinigung, tragen die von ihm ausgestellten Zertifikate manchmal auch den Stempel der jeweiligen Vereinigung. Darüber hinaus können die Zertifikate mit goldenen Siegeln und/oder farbigen Bändchen versehen sein.

**Zweiter Grad**

Der zweite Grad des Usui-Systems des Reiki wird üblicherweise im Rahmen eines dreitägigen Seminars gelehrt. Er ist zur Vertiefung des persönlichen Weges mit Reiki gedacht, das entsprechende Seminar sollte frühestens sechs Monate nach dem ersten Grad absolviert werden; in den meisten Fällen empfiehlt sich jedoch eine Wartezeit von einem Jahr oder länger. Das Seminar umfasst in der Regel eine Einweihung (in manchen Stilen des Usui-Systems auch zwei oder drei) sowie das Erlernen der drei zugehörigen Symbole. Die Teilnehmer üben sich in der Anwendung der Symbole, die ihnen die Befähigung zur

Verstärkung des Reiki-Flusses sowie zur Durchführung von Mentalheilungen und Fernheilungen geben.

**Zweites Symbol**
siehe: Mentalheilungssymbol

## Reiki-Buchtipps

In den letzten 20 Jahren sind allein in Deutschland mehr als 100 Bücher zum Thema Reiki erschienen. Die folgende Auswahl listet die aus Sicht des Autors 15 grundlegendsten Werke auf:

„Reiki – Universale Lebensenergie", Bodo J. Baginski, Shalila Sharamon, Synthesis Verlag, 240 Seiten
Das erste deutschsprachige Buch über Reiki, ein „Klassiker". Umfangreiches Grundlagenwerk, mehrfach überarbeitet. Mittlerweile in 19. Auflage.

„Reiki – Heile Dich selbst", Brigitte Müller, Horst H. Günther, Verlag Peter Erd, 250 Seiten
Ein weiteres Grundlagenwerk aus der Anfangszeit der Verbreitung des Usui-Systems des Reiki in Deutschland. Mehrfach überarbeitet, heute in Neuauflage.

„Die Heilkraft des Reiki", Mary McFadyen, Rowohlt Taschenbuch Verlag, 170 Seiten
Ein neueres, grundlegendes Buch über das Usui-System des Reiki, von einer der 22 von Takata eingeweihten MeisterInnen. Mit wachem Geist geschrieben.

„Reiki – Gesundheit & Harmonie durch die Heilkraft der Hände", Tanmaya Honervogt, Innenwelt Verlag, 140 Seiten
Ein einführendes, locker geschriebenes und optisch sehr schön gestaltetes Buch, das, aus dem Englischen kommend, bisher in 18 Sprachen übersetzt wurde.

„Die Reiki-Systeme der Welt", Oliver Klatt, Windpferd Verlag, 270 Seiten
Das Buch gibt einen guten Überblick über die Geschichte des Usui-Systems sowie über die verschiedenen Aspekte der wichtigsten Reiki-Systeme weltweit.

„Reiki und Schulmedizin", Oliver Klatt, Norbert Lindner, Windpferd Verlag, 180 Seiten
Ein praxisorientiertes Buch für die Kooperation von Reiki-Praktizierenden mit Vertretern der Schulmedizin. Mit einem Vorwort von Prof. Fritz Wallner (Universität Wien).

„Die Reiki Lebensregeln", Frank Doerr (Hrsg.), Windpferd Verlag, 350 Seiten
Eine Anthologie mit interessanten Beiträgen erfahrener Reiki-Meister zu den fünf Reiki-Lebensregeln, aus den verschiedensten Blickwinkeln betrachtet.

„Das Reiki-Meister Buch", Frank Doerr (Hrsg.), Windpferd Verlag, 310 Seiten
Eine weitere Anthologie mit interessanten Beiträgen erfahrener Reiki-Meister zu dem in Buchform eher selten behandelten Thema der Reiki-Meisterschaft.

„Das Reiki-Kompendium", Walter Lübeck, Frank Arjava Petter, William Lee Rand, Windpferd Verlag, 300 Seiten
Ein umfassendes, vielseitiges Werk mit grundlegenden Texten dreier erfahrener Reiki-Meister-Autoren zu essenziellen Themen rund um das Usui-System des Reiki.

„Reiki – die schönsten Techniken", Walter Lübeck, Frank Arjava Petter, Windpferd Verlag, 220 Seiten
Das Buch enthält die ganze Vielfalt neuerer Anwendungstechniken der universellen Lebensenergie. Für Praktizierende aller Grade geeignet.

„Das große Buch der Reiki-Symbole", Mark Hosak, Walter Lübeck, Windpferd Verlag, 600 Seiten
Ein Buch, in dem u. a. die Symbole des zweiten Grades veröffentlicht sind. Mit interessanten Kommentaren und Sichtweisen, leider fast ausschließlich vor buddhistischem Hintergrund und insgesamt etwas überladen.

„Original Reiki-Handbuch des Dr. Mikao Usui“, Frank A. Petter (Hrsg.), Windpferd Verlag, 80 Seiten
Das Buch veröffentlicht Teile des „Handbuchs der Reiki-Heilmethode“, das auf Mikao Usui zurückgeht. Leider mit wenig Zurückhaltung seitens des Herausgebers aufbereitet.

„Die Reiki-Techniken des Dr. Hayashi“, Frank Arjava Petter, Tadao Yamaguchi, Windpferd Verlag, 110 Seiten
Ein interessantes Werk über Leben und Wirken von Dr. Hayashi, einem der Nachfolger von Mikao Usui. Mit praktischen Übungen und Hinweisen zu den Handpositionen nach Dr. Hayashi.

„Reiki leben – Großmeisterin Takatas Lehren“, Fran Brown, Synthesis Verlag, 170 Seiten
Fran Brown, eine der 22 von Takata eingeweihten MeisterInnen, erinnert an das Leben und Wirken ihrer Meisterin, in Form von kleinen Erzählungen und Geschichten.

„Die Geschichte von Hawayo Takata“, Helen J. Haberly, Archedigm Publication, 130 Seiten
Eine weitere Sammlung von Geschichten über das Leben und Wirken Hawayo Takatas. Leider vergriffen, jedoch evtl. über das Antiquariat (www.zvab.de) erhältlich.

# Internet-Surftipps

www.reiki-portal.de
Das Reiki-Portal im Internet. Mit Infos rund um das Usui-System des Reiki und wichtigen Links zu Reiki-Organisationen, Meister-Adresslisten, Reiki-Websites sowie mit einem Sonderbereich „Humor und Satire". Unbedingt anschauen!
> *Deutsch*

www.reiki-magazin.de
Website des Reiki Magazins. Mit vielen interessanten Reiki-Artikeln, Interviews und Reiki-Buch- und CD-Rezensionen. Das Gesamtinhaltsverzeichnis umfasst alle seit 1997 erschienenen Ausgaben (Stichwort: Archiv). Es gibt ein umfangreiches Reiki-Meister-Adressverzeichnis, ein Diskussionsforum sowie einen Reiki-Shop, mit einem vielfältigem Angebot an Urkunden und Stempeln für Reiki-Meister. Ein Muss für alle deutschsprachigen Reiki-Interessierten!
> *Deutsch, Englisch*

www.reiki-und-schulmedizin.de
Website des Projektes „Reiki und Schulmedizin". Das Projekt verfolgt das Ziel, das Usui-System des Reiki Medizinern und Patienten näher zu bringen. Dabei wird zwischen schulmedizinischen Einrichtungen, die Reiki in ihr therapeutisches Angebot integrieren möchten, und qualifizierten Reiki-Lehrern und -Therapeuten vermittelt. Wer als Reiki-Praktizierender mit Schulmedizinern zusammen arbeiten möchte, sollte sich in die Kartei des Projektes mit aufnehmen lassen!
> *Deutsch*

www.reiki-land.de
Umfangreiche, Community-orientierte Website rund um Reiki, mit stets aktuellen Reiki-News, vielfältigen Reiki-Artikeln und

-Interviews sowie einem gut frequentierten Reiki-Chat, einem Reiki-Forum und einer Reiki-Galerie. Hier trifft man auf eine authentische, warmherzige Reiki-Internet-Community. Interessant für alle, die eine „Reiki-Heimat" im Netz suchen – aber auch für jene, die nur mal gucken wollen, nicht zuletzt wegen der großen Menge an interessanten Artikeln rund um Reiki!
> *Deutsch*

www.reiki.de
Website des „Reiki.de-Service", mit einem Reiki-Shop (Verkauf von Urkunden und Meisterstempeln), einer umfangreichen Reiki-Meister-Adressliste sowie „maßgeschneiderten" TV-Tipps. Interessant!
> *Deutsch*

www.reiki-organisation.de
Website der Fördergemeinschaft Reikipraktizierender e. V. (FGR). Die Vereinigung versteht sich als Interessenvertretung von Reiki-Praktizierenden aller drei Grade in Deutschland, die eine qualifizierte Ausbildung in der traditionellen Linie nachweisen können, die auf Mikao Usui zurückgeht. Mit einer Liste von Reiki-Meistern, die von der FGR anerkannt sind.
> *Deutsch, Englisch*

www.reiki-alliance-deutschland.de
Website des Reiki Alliance Deutschland e. V. Die RAD ist eine Vereinigung von Reiki-Meistern, die das Usui-System des Reiki in der Linie Usui, Hayashi, Takata und Furumoto praktizieren und lehren. Ein Ziel des Vereins ist es, Klarheit in der öffentlichen Wahrnehmung des Usui-Systems zu schaffen, im Einklang mit dem gesellschaftlichen und gesetzlichen Umfeld im deutschsprachigen Raum.
> *Deutsch*

www.reikialliance.com

Website von The Reiki Alliance (TRA). Traditionsreiche, internationale Vereinigung von Reiki-Meistern, die das Usui-System des Reiki nach Hawayo Takata praktizieren. Heutige Großmeisterin dieses Systems, Usui Shiki Ryoho, ist Phyllis Furumoto.

> *Deutsch, Englisch, Französisch, Spanisch, Italienisch, Holländisch*

www.usuireiki-ogm.com

Website des Office of the Grandmaster (OGM) des Usui Shiki Ryoho, bestehend aus Phyllis Furumoto und Paul Mitchell.

> *Englisch*

www.trtia.org

Website von The Radiance Technique International Association (TRTIA). Internationale Vereinigung von Lehrern der Radiance Technik sowie anderen Menschen, die die Verbreitung der Radiance Technik in der Welt und andere Ziele dieses gemeinnützigen Vereins unterstützen.

> *Englisch*

www.reiki-network.net

Website von The Reiki Network, einer internationalen Vereinigung unabhängiger Reiki-Meister.

> *Deutsch, Englisch, Französisch, Spanisch, Italienisch, Schwedisch, Norwegisch, Finnisch*

www.reikiinmedicine.org

Website der US-amerikanischen Reiki-Meisterin Pamela Miles. Die erfolgreiche Buchautorin arbeitet in den USA seit vielen Jahren eng mit der Schulmedizin zusammen. Viele hochinteressante Artikel und Studien zu diesem Thema stehen online (Stichwort: References and Resources, dann: Articles).

> *Englisch*

www.reikimagazine.com
Website des internationalen Reiki Magazins, das in englischer Sprache erscheint.
> *Englisch*

www.dgeim.de
Website der Deutschen Gesellschaft für Energetische und Informationsmedizin e. V. (DGEIM). Die Gesellschaft versteht sich als ein fachübergreifender Zusammenschluss von engagierten Wissenschaftlern, Ärzten und Physikern, Therapeuten, Anwendern und Interessenten der Energiemedizin und deren Umfeld aus dem deutschsprachigen Raum.
> *Deutsch*

www.dgh-ev.de
Website des Dachverbandes Geistiges Heilen e. V. (DGH). Der Verband setzt sich für die Integration geistiger Heilweisen in das deutsche Gesundheitssystem ein, führt entsprechende Forschungsprojekte durch und klärt über Möglichkeiten und Grenzen geistig-spirituellen Heilens auf.
> *Deutsch*

# Infos zum Autor

Oliver Klatt, geb. 1967, praktiziert das Usui-System des Reiki seit 1994 und gibt sein über viele Jahre hinweg erworbenes Wissen als Reiki-Meister in seinen Seminaren sowie als Buchautor und Dozent weiter. Zudem betreut er als Chefredakteur das Reiki Magazin und verfasst Artikel über Reiki und verwandte Themen für deutschsprachige und internationale Zeitschriften.

Infos zu Reiki-Seminaren und -Behandlungen
mit Oliver Klatt:

Tel.: +49-(0)30-85731646
Fax: +49-(0)30-85731644
E-Mail: info@epanoui.de
Website: www.epanoui.de

Oliver Klatt

## Die Reiki-Systeme der Welt

**Reiki im Überblick – mit praktischen Übungen**

**Der erste umfassende Überblick über die weltweit führenden Reiki-Systeme mit ihren praktischen Übungen.**

Entstanden unter Mitwirkung von Don Alexander, Phyllis Lei Furumoto, Himani H. Gerber, Tanmaya Honervogt, Swami Prem Jagran, Walter Lübeck, Paul David Mitchell, Frank Arjava Petter, William Lee Rand, Barbara Simonsohn und vielen anderen.
Oliver Klatt hat in Zusammenarbeit mit den führenden Reiki-Meistern der Welt ein Buch geschrieben, das mit Begeisterung aufgenommen werden wird. Erstmals kann sich der Leser über weltweit bekannte und anerkannte Reiki-Systeme grundlegend informieren und diese in ihren Gemeinsamkeiten und insbesondere auch Unterschieden anhand praktischer Beispiele und Übungen nachvollziehen.

272 Seiten · ISBN 978-3-89385-465-3 · www.windpferd.de

Mark Hosak/Walter Lübeck

## Das große Buch der Reiki-Symbole

**Das umfassende Werk über die Symbolkraft des Reiki**

Die traditionellen Symbole des Usui-Systems der Natürlichen Heilung mit Reiki nehmen eine Schlüsselstellung in dieser einzigartigen Tradition ein. Ohne sie und ihre Mantren ist Reiki nicht denkbar. Die zur Ausübung von Reiki nötigen Einweihungsrituale und auch komplexe Heilungen lassen sich nur auf der Grundlage der Symbole Usuis so sicher und effektiv, wie man es von Reiki gewohnt ist, durchführen.
In diesem ungewöhnlichen Buch werden weltweit erstmalig detaillierte und fachlich korrekte Erklärungen zu den Symbolen und Mantren gegeben. Die spirituellen Traditionen, in denen sie entwickelt wurden, ihre kalligraphisch korrekte Schreibweise, die Bedeutungen und Funktionen im Bereich von Heilung und die spirituelle Persönlichkeitsentwicklung werden im Einzelnen erläutert.
Die jahrelangen Forschungsarbeiten der Autoren, verbunden mit ihren Erfahrungen mit Tausenden von Schülern und Einzelsitzungen, machen dieses Buch zu dem Standardwerk dieses Themas.
Jeder, der an Reiki interessiert ist, kommt an diesem Buch nicht vorbei.

624 Seiten · ISBN 978-3-89385-445-5 · www.windpferd.de

Oliver Klatt und Norbert Lindner

## Reiki und Schulmedizin

**Wie Energiemedizin und Klassische Medizin zusammenkommen**

Dieses Buch ist ein anregendes Plädoyer für die Kooperation von Reiki-Praktizierenden mit Vertretern der Schulmedizin. Neben informativen Abschnitten über Geschichte und Zukunftsperspektive der Heilberufe und einem Blick auf die Situation in Ländern wie USA und Großbritannien, enthält das Werk spannende Berichte und Erfahrungen von Ärzten und Reiki-Meistern, die ihre Patienten bereits „Hand-in-Hand" behandeln.
Reiki kann die perfekte Ergänzung zu einer schulmedizinischen Behandlung sein. Damit energetisches Heilen seinen Weg in die Krankenhäuser und Arztpraxen findet, ist eine umfassende Informationsarbeit erforderlich. Dieses Buch gibt Reiki-Praktizierenden das nötige „Rüstzeug", um den Kontakt zur Schulmedizin für beide Seiten gewinnbringend zu gestalten. Dazu gehören praktische Aspekte der Kooperation mit Ärzten ebenso wie ein Überblick zur derzeitigen Rechtslage für die Zusammenarbeit von Heilpraktikern und Schulmedizinern.
Ein sorgfältig recherchiertes Werk, das verantwortungsvoll dazu ermuntert, die Schulmedizin mit Reiki um eine wohltuende Dimension zu erweitern.

184 Seiten · ISBN 978-3-89385-509-4 · www.windpferd.de

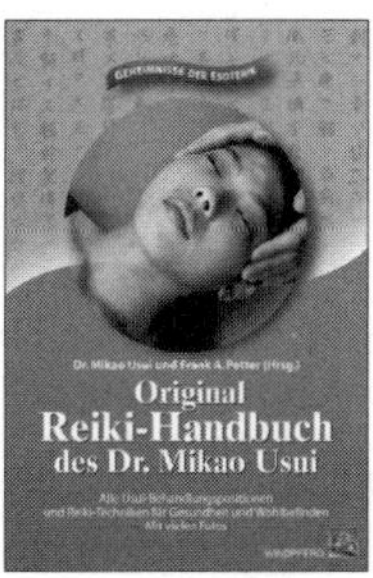


Dr. Mikao Usui · Frank A. Petter (Hrsg.)

## Original Reiki-Handbuch des Dr. Mikao Usui

**Alle Usui-Behandlungspositionen und Reiki-Techniken für Gesundheit und Wohlbefinden**

Dr. Mikao Usui entwickelte das Reiki-System und gründete das Original der „Japanischen Usui Reiki Ryoho Gakkai"-Organisation. Was also liegt näher, als auf Dr. Usuis Material zurückzugreifen? Dieses Buch zeigt Ihnen die Original-Handpositionen aus dem Reiki-Handbuch des Dr. Usui. Zum besseren Verständnis wurde es mit 100 Fotos illustriert. Die zu den verschiedensten Beschwerden gehörenden Handgriffe sind detailliert gezeigt, so dass mit diesem Buch jeder Reiki-Praktizierende ein wertvolles Nachschlagewerk zur Hand hat. Erstmals können durch die Übersetzung des Original-Handbuches nun die Handhaltungen und Heiltechniken des Dr. Usui direkt studiert werden.

80 Seiten · ISBN 978-3-89385-320-5 · www.windpferd.de